朝3分間のデカルト

小川仁志

PHP文庫

はじめに　コーヒー片手にデカルトはいかが？

朝からコーヒーを飲む人は多いですね。モーニングコーヒーという言葉があるくらいですから。特に最近は、スターバックスなどのおしゃれなコーヒーショップに立ち寄り、コーヒー片手に通勤なんてシーンもよく見かけます。

なぜコーヒーを飲むかというと、一つはカフェインで目が覚めるからでしょう。もう一つは精神的な効果です。特にスタバのコーヒーを持ちながら通勤するような人にとってはそうなのですが、それがクールなのです。

実は今回、「朝からデカルト」などという企画を考えたのは、そんなモーニングコーヒーがもたらす効果と重ねたからです。朝から自己啓発に勤《いそ》しむ人はたくさんいます。通勤電車の中で本を読んだり、ちょっと早めに家を出て、カフェで勉強したり。

そういう人たちのために、「朝、目が覚めるような哲学ベースの自己啓発書をつくろう」というのがコンセプトです。そしてスタバのコーヒーと同じように、それを片手に持って通勤するのがクールに見える本をつくれないかと思って、工夫をしました。その結果が、『朝3分間のデカルト』だったのです。

デカルトは、「我思う、ゆえに我あり」の名言で有名な近世フランスの哲学者です。著作の中では『方法序説』がもっとも知られていますが、ほかにも本書でとり上げた『省察《せいさつ》』や『哲学原理』そして『情念論《じょうねんろん》』などがあります。いずれも超一級の哲学作品です。各作品の成立経緯や概要については、その時期のデカルトの伝記とあわせて章の最後で紹介しています。

本書ではこれらの作品の中から、現代人の心に響くと思われる箇所をまんべんなく抜粋し、そこからビジネスに効くエッセンスを提示するように心がけました。全部で四四項目ありますが、いずれの項目も三分間あれば読める内容になっています。

朝ほど忙しい時間帯はありませんよね。三分間といえども貴重です。ただ、三分間で得られる知識はもっと貴重だと思うのです。そのためには、厳選された内容を学ぶ必要があると思います。その点、フランスを代表する大哲学者デカルトがいうことは、いずれもとても価値のあるものです。ですから、安心して学んでいただければと思います。

今の時代はＩＴやビジネスに直接関係する知識ばかりが偏重《へんちょう》されていますが、哲学の言葉ほど役に立つものはありません。だからこそ時代を超えて受け継がれているのです。また、それは一生自分の中に残るものだといってもいいでしょう。

その意味もあって、今回はあえて翻訳の原文を載せています。フランス語やラテン語の原典とまではいかなくても、せめて教養として翻訳の言葉をそのまま味わっていただきたかったからです。誰でも簡単に理解できる解説をつけていますので、無理なく理解していただけるものと思います。

たとえるなら、このコーヒーは、最初は原文の苦みが刺激になりますが、その直後にやさしい解説によって甘味が広がる二度おいしいつくりになっています。ぜひ、そんな知的で新しい味をお楽しみください。

朝3分間のデカルト　目次

第1章　朝から知を探求する——『方法序説』の言葉

第2章 朝から強く意志する――『省察』の言葉

第3章 朝から鋭く思考する――『哲学原理』の言葉

第4章 朝から世界を感じる――『情念論』の言葉

第1章

朝から知を探求する

——『方法序説』の言葉

— Discours de la méthode —

いくら頭がよくても仕方ない。いかに使うかがすべて

「良識はこの世でもっとも公平に分け与えられているものである」

持っている頭は皆同じ

朝から自己啓発をしている人はたくさんいると思います。出勤前のビジネスマンから、通学中の学生、電車で自己啓発書を読んでいる人まで。皆、知識やスキルを身につけて、よりパワーアップしたいと思っているのです。かくいう私もそうです。

私の場合は頭がよくなりたいと思って、これまで通勤中様々な本を読んできました。逆にいうと、自分はもともと頭がいいとは思っていないわけです。それで焦《あせ》って知識を詰め込もうとするのです。足りない頭を補充するために。もし自分が天才で、完璧《かんぺき》な知性を備えているとすれば、もはや学ぶ必要などありませんから。

でも、デカルトにいわせると、どうやらこれは間違っているようです。『方法序説』の最初の一文で、彼はこう断言します。

「良識はこの世でもっとも公平に分け与えられているものである」
（『方法序説』谷川多佳子訳、岩波書店、八ページ）

良識とはフランス語の bon sens の訳なので、分別とか知性ととらえていいでしょう。つまり、誰しも持っている頭は同じだということです。だから生まれたときは皆同じなのです。ところが、それがだんだん頭のいい人とそうでない人にわかれてくる。なぜでしょうか？

苦手意識が邪魔をする

これは皆さんも心当たりがあるのではないかと思います。数字の苦手な人は、おそらく小学生のときに算数をさぼっていたのではないでしょうか。文章力のない人は、国語や作文で手を抜いていたのではないでしょうか。

私も子どものころ算数に苦手意識を持ったせいで、ずっと数学を避け、ついには数字そのものを避けるようになってしまいました。ビジネスマンとしては致命的です。おかげでだいぶ苦労しました。

ただ、人間は必要に迫られると、嫌なことでもやれるものです。私もさすがにビジネスマンになって、数字を読んだり、計算したりということが求められるようになり、財務会計などを必死で勉強しました。

それで気づいたのです。やればできると。自分にはてっきり数字を理解する能力が欠けていると思い込んでいたのですが、決してそうではありませんでした。もちろん、だからといって数学者になれるとまでは思いませんが。

いかに鍛え、いかに使うか

どうやら人は、努力さえすれば、何事も一般社会に求められるレベルくらいには達することができるようです。あるいはそれ以上になることも可能かもしれません。

私にとっては哲学がそうでした。最初は自己啓発のつもりで哲学の知識を学んでいたのが、高じてプロの哲学者になってしまったのですから。

こんなことが可能になるのは、頭の良し悪しが問題なのではなく、それをいかに鍛え、いかに使うかが重要だからではないでしょうか。

デカルトはまさにそのことを訴えています。

「良い精神を持っているだけでは十分でなく、大切なのはそれを良く用いることだからだ」(『方法序説』八ページ)

百歩譲って、多少生まれつき頭の良し悪しに差があるとしても、それ以上に大事なのは、頭をいかに使うかなのです。

言い換えると、物事をいかに考えるかということです。

たとえば、1＋1＝2だということは、誰でも知識として知っているでしょう。

でも、「1＋1は?」と問われて機械のように「2」と答えるのと、あえてほかの可能性を考えて「化学反応によって無限になる」と答えたり、「性質が変わらないので1だ」と答えるのとでは大違いですよね。

人間は考えれば考えるほど、新しい答えを生み出すことができます。いくらIQが高くても、使わなければ意味がありません。

知識の量もそうです。知識を得るのはとても大切なことですが、それだけで終わってしまっては、ほかの人と差をつけることはできないのです。

皆同じ知識を持っているとき、それでも差をつけるのは、やはり思考です。

あらゆる自己啓発は、思考へとつながるように意識することが大事だといえます。

人に教えるときは絶対の自信を持て！

「教えを授けることに携《たずさ》わる者は、
教える相手よりも自分の知性がまさると見るのが当然だ」

謙虚と自信がないのは違う

どんな仕事でも、「自分の知っていることを人に伝える」という要素があると思います。

私の場合は大学の教員ですから、もちろんそれが仕事の中心になってくるわけです。

けれどよく考えてみると、商社マン時代も公務員のときもそうでした。

たとえば、商社マンだとクライアントに商品の知識を伝えるという業務があります。公務員のときは、法律や新しい制度の説明をする必要がありました。もちろん、上司や同僚に何かを説明するということは日常茶飯事《さはんじ》です。

私の経験からすると、人に説明するときに一番気をつけなければならないのは自信を持つことです。

内容を正確に把握しておくことや、わかりやすく説明することももちろん大切ですが、もっとも意識しなければならないのは、この自信を持ってやるという部分なのです。

これは謙虚な日本人の多くが苦手としています。謙虚なのはいいことですが、それが自信なさげに見えてしまっては、かえってマイナスです。

特に朝は要注意です。ただでさえおとなしい日本人が、朝からテンションを上げるのは至難《しなん》の業《わざ》なのです。

朝、ジムで汗を流してから出勤するアメリカ人とはつくりが違います。私の知り合いにも、神経より筋肉重視という人がけっこういます。

それに対して、日本人は繊細な神経の束が眼鏡《めがね》をかけているようなものです。だからこそ、朝は意識して自信を持つよう心がける必要があるのです。

誰よりも詳しくなる

そんな日本人には、デカルトのこの言葉が有効だといえます。

「教えを授けることに携わる者は、教える相手よりも自分の知性がまさると見るのが当然だ」（『方法序説』一一ページ）

学問に厳しいデカルトならではの言葉ですが、もっともなことだと思います。人に何かを教える以上は、自分が一番よくわかっていると思わなければなりません。相手もそう思っているはずです。

その状態になって初めて、私たちは自信を持つことができるのです。逆にいうと、人に教えるときは、自分が一番わかっている状態でなければいけないのです。

根拠のない自信にはなんの意味もありません。誰よりも努力して知識を身につける。そのうえで、自信を持って説明する。これが理想です。

想像してください。自信なさげな医者がいたらどうしますか？

「多分この薬でいいと思いますが……」とか「手術したらおそらくよくなると思うんですが……」なんていわれたら、不安になりますよね。

「きっとよくなりますよ！」ぐらいいってもらわないと、メスで体を切ってもらう気にはなりません。

自信を持って断言せよ

医者の例は極端かもしれませんが、これはどんな職業にもあてはまることです。私が専門としている哲学でさえそうなのですから。

デカルトは哲学についてこんなふうに評しています。

「哲学はどんなことについても、もっともらしく語り、学識の劣る人に自分を賞賛させる手だてを授ける」（『方法序説』一三ページ）

たしかに哲学は、物事の本質をズバッとつくのが仕事です。自由とはこうだ！　愛とはこうだ！　というふうに。

それが「多分、自由ってこうじゃないかなぁと思いますが……」なんていわれたら、説得力ゼロです。

自信を持ってズバッと断言してくれるから、信頼できるし、座右の銘にもなりうるのです。

その点ではデカルトは率先垂範《そっせんすいはん》してくれていますね。すでに引用したいくつかの箇所を見てもらえばわかるとおり、ズバッと断言しまくっていますから。ちょっと自信過剰なほどです。

ですから逆に、デカルトのいうとおり、哲学を身につけると自信がつくのです。「自分を賞賛させる手だて」が身につくというのは、そういうことです。

ぜひ本書を、そんな自信を持つための手だてにしていただけると幸いです。

世界という名の大きな書物に目を向けよ

「これからは、わたし自身のうちに、あるいは世界という大きな書物のうちに見つかるかもしれない学問だけを探求しようと決心し、青春の残りをつかって次のことをした」

世界は偉大な書物

皆さんは出張が好きですか？

出張があるときは、決まって早起きをしなければなりません。それに、外出すればどうしても仕事がたまってしまいます。だからネガティブにとらえてしまう人もいるのですが、私は結構好きです。

日常のルーティンから離れると、刺激になるからです。人はたまには違うことをしなければなりません。そうでないと、脳が衰えていくのです。

いつもと違う時間、いつもと違う景色、いつもと違う仕事。話す相手も当然違ってきます。

それが海外なら、なおさら大きな刺激になるでしょう。

私のように日ごろ本の世界に閉じこもっている人間にとって、旅行はまた別のテキストです。どうしても本では得られない情報というものがあるのです。

まさにデカルトも同じことをいっています。

「これからは、わたし自身のうちに、あるいは世界という大きな書物のうちに見つかるかもしれない学問だけを探求しようと決心し、青春の残りをつかって次のことをした」(『方法序説』一七ページ)

そうして彼は実際にヨーロッパ中を旅してまわります。

この「世界という大きな書物」という表現がいいじゃないですか。デカルトは哲学者ですから、すべてが情報を得るための書物なのです。なかでも世界は大きな書物なのです。

ここでいう「大きな」という言葉には、二つの意味が込められているように思います。

一つは、スケールが大きいということ。

もう一つは、偉大であるということです。

スケールの大きさはいうまでもないでしょう。

本で見るのと、実物を見るのとでは大違いです。私も何度も写真集やテレビでナイアガラの滝を見ていましたが、実物を見て足がすくんだのを覚えています。

それにも関係するのですが、もう一つの「偉大である」とは、本からは学べないことを教えてくれるという点です。本から学べないことを教えられるなら、それは偉大といってよいでしょう。

本物に学ぶ

世の中には、その場の空気でしか伝えられないことがあるものです。

アウシュビッツに行ったとき、それを感じました。アウシュビッツの持つ意味は、あの場所に行かないと感じることができないのです。

だから現場という言葉があるのです。いくらCG（コンピューターグラフィックス）が発達しても、偽物はあくまで偽物です。空気が違うのです。

デカルトもそんな大きな書物から、多くのことを学びました。

たとえばそれは、次の言葉からもうかがい知れます。

「私たちとまったく反対の意見をもつすべての人が、それゆえに野蛮で未開だというわけでなく、それどころか、多くの人がわたしたちと同じかそれ以上に、理性を働かせている」（『方法序説』二六ページ）

世界には、私たちの知らないことがたくさんあって、私たちの蒙《もう》を啓《ひら》いてくれるのです。

だからといって、なにも前人未到《ぜんじんみとう》の地に行くことだけがいいわけではありません。

ちょっとした国内出張でも学べることはたくさんあります。

それは意識の問題です。学ぼうと思えば、外の世界は無限に開かれているのです。

道はどこにでもありますが、同じ道は二つとして存在しません。それぞれの道に意味があり、歴史があるのです。

道でさえそうなのですから、食べ物、公園、神社やお寺などには、数えきれないくらいの物語が存在します。その一つひとつにいかに興味を持てるかです。

私は最近二度ほど四国に行く機会があったのですが、デカルトの言葉を意識して出張するのとしないのとでは、大きく違いました。

一回目は意識せずに行ったので、何度か行ったことのある四国でした。

二回目はこの本を書くことが決まっていたので、デカルトの言葉が頭にありました。すると同じ場所が、まるで初めて行った外国のように思えたから驚きです。

ひょっとしたら、見慣れた通勤の風景にもそんな驚きが隠れているかもしれません……。

人に頼らずやり遂げよ

「たくさんの部品を寄せ集めて作り、いろいろな親方の手を通ってきた作品は、多くの場合、一人だけで苦労して仕上げた作品ほどの完成度が見られない」

一人ではないという気の緩み

皆さんはチームプレーが好きですか？

それとも単独でプレーするのが好きですか？

これはタイプによってわかれると思います。

私の場合、単独でプレーするほうが好きなのですが、だからといって常にそうしたいわけではありません。

ときにはチームで闘いたくなるときもあります。それに、仕事の多くはチームプレーを要求されます。

チームプレーを行なう際、問題となるのは「自分がどういう振る舞い方をするか」です。

私は基本的に単独プレーが好きだということもあって、チームプレーになるとどうしても気が緩んでしまいます。

一人でやらなくていいという安心感からでしょうか。
そもそもチームプレーをしたくなる瞬間というのは、自分だけでは心細いときなのです。だからなおさら、人に頼ってしまうのです。

責任は分散しない

でも、チームプレーであっても、単独でプレーするときと基本は同じです。自分の仕事を、責任を持ってやりきる。それだけです。あくまでその集合体がチームプレーなのであって、責任やリスクは決して分散しないのです。
これについてデカルトは、かなり極端ではありますが、ハッとさせるようなことをいっています。

「たくさんの部品を寄せ集めて作り、いろいろな親方の手を通ってきた作品は、多くの場合、一人だけで苦労して仕上げた作品ほどの完成度が見られない」（『方法序説』二〇ページ）

つまり、自分が最初から最後まで責任を持って仕上げた作品のほうが、多くの人の手を経てつくられたものよりも完成度が高いということです。

普通は多くの人がかかわったほうが、いいものができるように思いがちです。しかし、それでは一人ひとりがすべてにわたって責任を負わないことから、クオリティが下がるというのです。

この発想を、「なんて傲慢《ごうまん》な」と一蹴《いっしゅう》することは簡単です。

でも、そこに潜《ひそ》む真理には、なかなか目を向けられません。

だから価値があるのです。

職人になれ

たしかによく考えてみると、大きな工場で流れ作業によってつくられた製品より、一人の職人が最初から最後まで丹念に仕上げた製品のほうが強靱《きょうじん》でクオリティが高いということはありますよね。

そう。私たちも仕事の内容にかかわらず、そんな職人にならなければならないのです。

もし誰もが職人意識を持って自分の仕事に最初から最後まで全身全霊を傾けることができれば、たとえそれがチームプレーであっても、責任やリスクの分散というような消極的な態度を退《しりぞ》けることができるでしょう。人に頼っていては、決していい仕事はできないのです。

実は、それは仕事のノウハウを身につける過程においてもあてはまります。デカルトは、これについても過激なことをいっています。

「私たちは子どものころから欲求や教師に引き回されてきた」というのです。子どもだから教師に導かれて知識を身につけるのは当然だと思います。でも、それは必ずしも正しくないのだといいます。

「しかもそれらの欲求や教師は、しばしば互いに矛盾し、またどちらもおそらく、つねに最善のことを教えてくれたのではない」（『方法序説』二二ページ）

教師に導かれてはいけないのは、彼らが正しくないからだなんて、もう過激すぎてひっくり返りそうですが、よく考えるとこれもまたどこか真理をついている部分があります。

私も教師なので自戒《じかい》を込めていいますが、教師は決して完璧ではありません。本当は学ぶ側も批判的精神を持って臨んだほうがいいのです。子どもはまだ仕方ないかもしれませんが、仕事をしている大人ならなおさらです。新しい仕事をするときはつい先輩や前任者に頼りがちですが、それは有害な場合もあるのです。

自分が正しいと思う方法を見出《みいだ》し、責任を持ってやり遂げましょう！

楽な道を選べば何も得られない

「最後に、これらの欠点はたいてい、その組織を変革するより我慢しやすい」

組織を変えるのは骨が折れる

皆さんの職場は居心地がいいですか?

不思議なもので、居心地がいいというだけで出勤する際の気持ちが軽くなります。同じ仕事をするなら、気持ちよくやりたいですからね。

では、職場の居心地のよさは、何によって決まるのでしょうか。

一つは物理的な環境です。汚くて暑いとか、逆に寒いとかいう場所では普通は居心地のよさを感じることはできないでしょう。日が差し込まないのもダメですね。かび臭いなどというのは最悪です。もちろん、安全衛生の観点から最低限の環境は確保されているでしょうが。

もう一つは人です。とはいえ、人を選ぶわけにはいきません。また、いい人でも状況によっては嫌な人になりえます。大事なのは組織の仕組みでしょう。

組織の仕組みがうまくいっていれば、人は回ります。人間関係のトラブルは、一部の人に仕事が偏《かたよ》っているとか、指揮命令系統が混乱しているというようなことで生じるものです。要はマネジメントの問題です。

ただ、物理的な環境にしても、組織の仕組みにしても、決して変えることができないものではありません。

組織を変えることさえできれば、職場の居心地はいくらでもよくなるのです。あとはそれをやるかどうかです。

ここがネックで、多くの組織は、わかっちゃいるけどできないという状態にあります。実はデカルトもそのことを指摘しています。

「最後に、これらの欠点はたいてい、その組織を変革するより我慢しやすい」（『方法序説』二四ページ）

欠点があるのはわかっているけれども、それを改善するのに要する努力は並大抵じゃない。これはどんな問題にもあてはまることです。

そもそも部屋の片づけのような単純なことからしてそうです。片づけが必要なのはわかっているけれども、やり始めると面倒なことになる。だから我慢しようということになるのです。複雑な組織の問題ならなおさらでしょう。

易きに流れてはいけない

しかし、そんなことでは何も得ることができません。新しいことをするには、古いものを捨てる必要があります。

それには大胆な判断力が求められるのです。それができないから、結局「ま、いいや」なんてことになってしまうのです。非効率極まりないですよね。

デカルトも、世の中にはこうした判断ができない二種類の人があふれていると嘆いています。

第一は、「自分を実際以上に有能だと信じて性急に自分の判断をくだささずにはいられず、自分の思考すべてを秩序だてて導いていくだけの忍耐心を持ち得ない人たち」。

そして第二は、「真と偽とを区別する能力が他の人より劣っていて、自分たちはその人たちに教えてもらえると判断するだけの理性と慎ましさがあり、もっとすぐれた意見を自らは探求しないで、むしろ、そうした他人の意見に従うことで満足してしまう人たち」（以上、『方法序説』二五ページ）

第一のタイプは、結局あれこれ考えすぎて、判断できないという結果に陥《おちい》りがちです。デカルトは、そんな人は「一生さまよいつづける」と手厳しい表現で非難しています。

たしかに、変に自分の能力を過信すると、選択肢を広げすぎて、判断できなくなるという袋小路にはまり込むのです。

こういう人は「選択肢を二つにする」と決めておくとよいでしょう。

あえてプランAとプランB、つまりメインとサブに絞ると決めておくのです。そうでないとキリがありません。

第二のタイプの人は、逆に自信を持つ必要があります。

自分の選択は正しいと思い込まないと、判断なんてできません。

こういう人は「いついつまでに決める」と宣言する癖をつければいいと思います。そうすると後に引けなくなりますから。

楽な道を選べば何も得られない。

そのことを肝に銘じて果敢に改革をしていきましょう。私もまずは身の回りの片づけから始めます……。

イノベーションは急がば回れ

「人間が認識しうるすべてのことがらは、
同じやり方でつながり合っている、
真でないいかなるものも真として受け入れることなく、
一つのことから他のことを演繹《えんえき》するのに
必要な順序をつねに守りさえすれば、
どんなに遠く離れたものにも結局は到達できるし、
どんなに隠れたものでも発見できる、と」

イノベーションの法則

「イノベーション」は現代のキーワードだといっていいでしょう。

ビジネスはもちろん、カルチャーや生活においても、イノベーションが求められます。もしかしたら、私たち個人にも必要なのかもしれません。

従来イノベーションは、経済学や経営学の領域を中心に、革新あるいは新結合などと訳されてきました。

しかし、現在はそれ以上の意味を持ち、カタカナのままで使われています。簡単にいうと、新しい価値を生み出すこと全般をイノベーションと呼んでいるわけです。


では、どうしてそのようなことがあらゆる分野で叫ばれているのでしょう。

それは、やはり「行き詰まり」があるからです。

残念ながら日本は今、制度疲労を起こしています。

経済の成熟化や高齢化もあって、先行きが不透明になっているのです。

そんな閉塞《へいそく》した状態を打ち破るために、イノベーションが叫ばれているわけです。

しかし問題は、イノベーションが必要だといっても、決まったやり方がないという点です。

イノベーションを研究している学者もいますが、これをやれば絶対にイノベーションが起きるなどというセオリーは、いまだ確立されていません。

ましてや、どの分野でも通用する法則となるとなおさらでしょう。

着実に論理をたどれ

そんなときこそ哲学の古典にヒントがあるものです。

私が目をつけたのは、デカルトの次のような言葉です。

「人間が認識しうるすべてのことがらは、同じやり方でつながり合っている、真でないいかなるものも真として受け入れることなく、一つのことから他のことを演繹するのに必要な順序をつねに守りさえすれば、どんなに遠く離れたものにも結局は到達できるし、どんなに隠れたものでも発見できる、と」（『方法序説』二九ページ）

少し長い引用ですが、いっていることは至って単純です。つまり、正しいことを順番につなげていけば、必ず答えにたどり着くということです。

演繹という言葉は、推理によって論理を次々とつなげていくことです。いわば連想ゲームのようなものです。

ただし、連想ゲームと異なるのは、常に正しい道を選んでいかなければいけないということです。適当ではいけないのです。

デカルトは数学を例に挙げます。数学の計算や証明は、常に論理的に進んでいきますから。適当に進めると決して正しい答えには至りません。

このようなことをいうと、イノベーションは適当にやるから生じるんだと反論する人がいるでしょう。

たしかに、これまでの常識と違うものを生み出すには、適当にやってみて、偶然に期待するという方法もあります。しかし、それでは確実にイノベーションが起こる保証はありませんよね。

だからこそ、デカルトが主張するのは「急がば回れ」なのです。

着実に論理をたどっていけば、時間はかかっても必ず望む答えが出る。ここがポイントです。

一番簡単なことからやればいい

では、いったいどこから検討を始めればいいのか？

たとえば新しい商品をつくりたいとします。自社製品にイノベーションを起こすプロジェクトです。

ここでもデカルトの言葉がヒントになります。彼はこういいます。

「どれから始めるべきかを探すのに、わたしはたいして苦労しなかった。もっとも単純で、もっとも認識しやすいものから始めるべきだと、すでに知っていたからだ」(『方法序説』二九～三〇ページ)

そう、何も難しいことはないのです。一番簡単なことからやればいい。こんなシンプルなセオリーがあるでしょうか!

気にかけるべきはゴールであって、スタートではありません。

特にデカルトのようにアイデアを発展させていく思考法をとる場合は、どう展開させていくかが重要なのです。

スタートのところでぐだぐだしていると、チャンスを逃します。そんなことより、早くスタートして、ゆっくり着実に歩く。これがデカルト式イノベーションのポイントなのです。

中庸をとっておけば間違いない

「わたしは、等しく受け入れられているいくつもの意見のうち、いちばん穏健《おんけん》なものだけを選んだ」

真ん中を選べ

どの案をとるか迷ったとき、皆さんは何を基準に判断しますか？

メリット？　好き嫌い？　インパクト？

メリットで選ぶのは当然だと思いますが、甲乙つけがたいときや、リスクがあるときには迷うと思います。

好き嫌いというのはわかりやすいですが、これも結果がどうなるかわかりませんし、何より他者から非難されることが多いですね。

インパクトというのは、もう博打《ばくち》みたいなものです。アーティストならそれでいいのかもしれませんが。

どれも一長一短ですね。デカルトはどうでしょうか？　彼はこういっています。

「わたしは、等しく受け入れられているいくつもの意見のうち、いちばん穏健なものだけを選んだ」（『方法序説』三五ページ）

これはいわゆる中庸《ちゅうよう》です。

つまり、ちょうどいい真ん中を選ぶというわけです。

では、どうしてちょうどいい真ん中が判断基準としてベストなのか。

デカルトはその理由を二つ挙げます。

一つは、極端なものは悪いのが通例だという経験則に基づくもの。

もう一つは、間違いに気づいたとき、両極端だと元に戻るのに時間がかかるということです。

最初の理由については、私もよくわかります。

たしかに、極端なものを選んだときは後で後悔することが多いです。

特にデザイン。いいなと思って選んだ服でも、極端なデザインだとすぐに飽きるし、みんなが覚えているので、何度も着ることができないのです。

二つ目の理由は非常に面白いですね。間違うことを前提にしているというのもユニークですが、中庸だとその際のリカバリーが速いなんて考えてもみませんでした。
でも、まさにそのとおりです。修正するにしても微修正で済むでしょうから。人間が必ず間違いを犯す生き物である以上、この理由はかなり現実的であるような気がします。

無理をするのはすべて極端

ということで、中庸をとっておけば間違いないようですが、いったい何が中庸なのかが次に問題になります。デカルトはここでも面白い例を挙げます。

「自分の自由をいくらかでも削るような約束は、すべて極端の部類へ入れた」（『方法序説』三六ページ）

自分の自由を削るのは極端。そうでない限りは中庸ということです。
つまり、我慢しなければならない状態のように、無理が生じるようなのはダメということでしょう。

たとえば、イベントの企画があったとします。

一つは利益が見込めるけれども、毎日長時間の労働を強《し》いられるもの。

もう一つは、利益はあまり見込めないけれども、無理なく進めることができるもの。

さて、この場合どちらをとるべきか？

利益重視の人なら間違いなく前者をとることでしょう。でも、無理をするのは極端だと考えれば、後者になります。

この判断基準は仕事に限らず、私生活における様々な判断にも用いることができるように思います。

人間は無理をしてはいけないのです。デカルトにいわせると、それは自由を削ることと同じです。

日本人はとかく残業しすぎだといわれますね。平日は夜遅くまで働き、休日出勤も厭《いと》わない。おまけに長期休暇もとらない。男性だと育児休暇もとらない。これでは肉体的にも精神的にも無理が生じます。そして一番大切なものを失ってしまうのです。

それは人間の自由。なんとも含蓄《がんちく》のある言葉です。

中庸は洋の東西を問わず、また時代を問わず唱えられてきた真理です。西洋では古代ギリシアの哲学者アリストテレスが、そして東洋ではかの孔子が中庸を徳として説《と》いています。中庸を選べる人は、徳のある人なのです。なぜなら、それが一番難しい選択だから。

若いときは極端なものに憧《あこが》れるものですよね。その誘惑に打ち克《か》ち、あえて平凡な選択ができる。これはもう修行を重ねるよりありません。

どこに行っても大盛を頼んで後悔している私は、どうやらまだ修行が足りないようです。

一度決めたら振り返ってはいけない

「わたしの第二の格率《かくりつ》は、自分の行動において、できるかぎり確固として果断であり、どんなに疑わしい意見でも、一度それに決めた以上は、きわめて確実な意見であるときに劣らず、一貫して従うことだった」

朝決めたことを夜まで貫け

皆さんは、朝、計画を立てますか？

私の場合そうなのです。

もちろん大体のスケジュールはあらかじめ決まっているわけですが、その日になってみないとわからないこともたくさんあります。

そこで朝、計画を立てる。

正確にいうと、計画を微調整するといった感じでしょうか。朝、メールや簡単な打ち合わせで変更のあった部分を修正するわけです。

そうして長い一日が始まります。

それでも、一日のうちにいろんなことが起こりますから、なかなか計画どおりには進まないものです。

そんなときは、可能な範囲で柔軟に対応するようにしています。

相手の都合で、後でやろうと思っていた仕事を先にやらなければならないときもあります。でも、お互いさまですから、笑顔で予定変更です。チームや組織で仕事をしている以上、また相手がある以上、すべてが自分の決めたとおりに動くものではありません。それをいちいちへそを曲げていては、信頼を失ってしまうでしょう。あの人は面倒だと。

そんな私でも、朝決めたら絶対に変更しないことがあります。

それはその日のノルマです。

絶対に今日やろうと決めたことは、自分に対するノルマとして、一切の妥協なくやるようにしています。

ここはデカルトの格率と一致しているのです。格率とは、自分に対するルールのようなものです。デカルトはこういっています。

「わたしの第二の格率は、自分の行動において、できるかぎり確固として果断であり、どんなに疑わしい意見でも、一度それに決めた

以上は、きわめて確実な意見であるときに劣らず、一貫して従うことだった」（『方法序説』三六ページ）

つまり、一度決めた以上は迷わないということです。

彼の比喩《ひゆ》は秀逸で、旅人は森で迷ったら、あちこち行ってはいけないというのです。ただまっすぐ突き進む。そうでないと、森からは出られないと。

これはわかるような気がします。仕事は深い森のようなものです。いや、人生はといったほうがいいでしょうか。

だから突き進むしかないのです。一度決めたら、もう振り返ってはいけないのです。

デカルトは、これによって「後悔と良心の不安のすべてから、解放された」といいます。

たしかに、突き進んだ結果であれば、どうなっても後悔することはないでしょう。あれこれ迷った結果ダメだったら、きっと優柔不断な自分を責めるはずです。

どうして私が自分のノルマだけは変更しないようにしているかというと、それをやってしまうと甘えるからです。

その結果、どんどんノルマがたまり、結局できないということになりかねません。まさに森に迷ってしまった状況と同じです。

どこに突き進むのが正解か

問題は、その突き進む方向が正しいものかどうかということです。

ノルマは量的なものですから、正しいかどうかすぐ判断できます。

ですが、将来の夢など、もっと漠然としたものの場合は判断に迷いますね。

はたしてそのまま突っ走っていいのかどうか。そこで参考になるのが、デカルトの次のようなアドバイスです。

「どれがもっとも真なる意見か見分ける能力がわれわれにないときは、もっとも蓋然性《がいぜんせい》の高い意見に従うべき」（『方法序説』三七ページ）

私たちは神ではありませんから、もっとも蓋然性の高い、つまりより確実な意見に従うよりほかないのです。それがベストだということです。

柔軟性はたしかに大事です。

でも、本当に譲れないことは貫き通す。そんな強さも求められます。朝令暮改《ちょうれいぼかい》は人に迷惑をかけるだけでなく、自分にとってもマイナスです。朝決めたことくらいは、せめて夜まで貫く。そんなルールを自分に課してみてはいかがでしょうか。

信念を持てば怖いものはなくなる

「わたしの第三の格率は、
運命よりむしろ自分に打ち克つように、
世界の秩序よりも自分の欲望を変えるように、
つねに努めることだった。そして一般に、
完全にわれわれの力の範囲内にあるものは
われわれの思想しかないと信じるように
自分を習慣づけることだった」

思想だけが自由になる

皆さんは信念を持っていますか？

信念とは拠《よ》って立つ思想のことです。

私の場合は、「善く生きる」というのが、常に頭にあります。哲学の父ソクラテスが哲学の目的として挙げたものですが、私も一応哲学者の端くれなので、自然と共感できるところがあるのかもしれません。

このように人にいうと、「善く生きるとはどういうことか」と尋ねられます。一言でいうのは難しいのですが、私にとっては、自分が納得のいくように生きるということです。

何が正しいのか、何が本当のことなのかなんて、誰にもわかりません。

神のみぞ知る、です。

でも、少なくとも自分がこうだと思う答えはあるはずです。それに従って生きていたいのです。

たとえば、「人を傷つけてはいけない」。これは一見当たり前のことですね。けれど、必ずしも万人《ばんにん》が正しいと思うかどうかは、わかりません。

私にとっては、人を傷つけないように生きるのが正しいというだけのことです。そして、その信念に従って生きることが、善く生きるということの意味なのです。これを思想と言い換えてもいいでしょう。

デカルトは、まさにそんな思想について、こんなふうにいっています。

「わたしの第三の格率は、運命よりむしろ自分に打ち克つように、世界の秩序よりも自分の欲望を変えるように、つねに努めることだった。そして一般に、完全にわれわれの力の範囲内にあるものはわれわれの思想しかないと信じるように自分を習慣づけることだった」(『方法序説』三七〜三八ページ)

思想だけが自分の自由になるものであって、それを信じて強く生きよということです。

この思想という言葉は、先ほどの信念のほかに、宗教に置き換えてもあてはまるものだと思います。

たしかに宗教を信じて生きている人は強いですね。

私は特定の宗教を信じることができないので、その代わりに自分の信念を思想として信じているわけです。

信念を持てば揺らがなくなる

こうして信念を持てるようになると、怖いものは何もなくなります。

人がなんといおうと、自分の信念に反するようなことはしなくなります。

上司や会社がおかしなことをいっても、堂々とノーといえるのです。これは不正をなくすためには、とても重要なことです。

もちろん、だからといって頑《かたく》なになってしまってはいけませんが、聞く耳を持たないのと信念を貫くのは別の行為です。

しっかりと人の意見も聞いたうえで、それでも流されなければいいのです。

運命さえも受け入れる

また、信念を持つと欲望に振り回されるようなこともなくなります。ある意味、欲望ほど怖いものはありません。私たちを誘惑し、過ちへと導くからです。

欲望に負けた人が犯罪に手を染めたりするのです。それに欲望があると、ないものねだりをしてしまってキリがありません。この点に関して、デカルトはいいことをいっています。


「いわゆる『必然を徳とする』ことによって、病気でいるのに健康でありたいとか、牢獄にいるのに自由になりたいなどと望まなくなる」（『方法序説』三八ページ）

つまり、今、自分が置かれている状況を当たり前だと思えれば、何も望まなくなるというわけです。

病気なのは仕方ありません。それを当たり前だと思えば、健康を望んで嘆くことも、不幸になることもないのです。

世の中にはどうにもならないことがたくさんあります。そのたび自分は不幸だと嘆いていては、ますます不幸になってしまいます。

それよりも、これが当たり前だと思うことで、幸せに生きられるほうがいいと思いませんか？

しかもそれは心の持ちよう、自分の信念次第なのです。

だから信念を持てば怖いものはなくなるのです。

たとえそれが病であろうと、運命であろうと。

考えないなら存在しないも同じ

「『わたしは考える、ゆえにわたしは存在する〔ワレ惟《おも》ウ、故ニワレ在《あ》リ〕』というこの真理は、懐疑論者たちのどんな途方もない想定といえども揺るがしえないほど堅固で確実なのを認め、この真理を、求めていた哲学の第一原理として、ためらうことなく受け入れられる、と判断した」

哲学は最強の学問

どんな状況においてもできることってなんでしょうか？

たとえ雨が降ろうと、雪が降ろうと、歩きながらであろうと、まったく身動きのとれない通勤電車の中であろうとできること。

それは思考ではないでしょうか。


私がいつも「哲学は最強の学問だ」といっているのには、いくつかの理由があります。その一つが、この「どんな状況でもできる」という点なのです。

何しろ哲学とは思考することにほかなりません。この思考ということを人間の本質としてとらえたのが、デカルトでした。彼は次のようにいいます。


「『わたしは考える、ゆえにわたしは存在する〔ワレ惟ウ、故ニワレ在リ〕』というこの真理は、懐疑論者たちのどんな途方もない想定といえども揺るがしえないほど堅固で確実なのを認め、この真理を、求めていた哲学の第一原理として、ためらうことなく受け入れられる、と判断した」（『方法序説』四六ページ）

これがかの有名な「我思う、ゆえに我あり」です。

つまり、世の中にある物事はなんでも疑うことができるけれども、自分が今こうやって「疑っている、思考している」という事実だけは、決して疑うことができないという意味です。

そこからデカルトは、人間の存在の本質を思考に求めました。

頭を使ってこそ人間

ということは、思考しないのは人間らしくないということになります。

また、思考すればするほど人間らしいということにもなるのです。

思考は人間の特権です。実際、高度な思考のおかげで、人間があらゆる動物の頂点に立てているのは間違いありません。

素手で闘ったら勝てない動物はたくさんいますが、どんな手段を使ってもいいとなると、人間は最強になるのです。なぜなら頭を使いますから。

私はそんな人間の思考力が大好きで、愛おしく思っています。

だから毎日できるだけ頭を使うようにしているのです。哲学などという学問が好きな理由もわかっていただけるかと思います。

通勤電車で思考する

そもそも私は面倒くさがりで、物を持つのも大嫌いです。

実験の準備も面倒だと思うし、パソコンを持ち歩くのさえ嫌なのです。

ところが哲学は本当に頭一つでやることができます。

デカルトもそのことは強調しています。

「わたしは一つの実体であり、その本質ないし本性は考えるということだけにあって、存在するためにどんな場所も要せず、いかなる物質的なものにも依存しない」（『方法序説』四七ページ）

場所もいらない、何にも依存しない。

こんなにすごいものがほかにあるでしょうか？

今、テクノロジーがどんどん発達して、身につけるコンピューター、ウェアラブルのようなものが普及しています。

スマートフォンもどんどんスマートになっていきます。

そうしたハイテクを身にまとう人を見るたび、南の島の族長ツイアビが『絵本パパラギ』の中で、パパラギ（白人）の姿を揶揄《やゆ》していたのを思い出します。

彼はこういうのです。「パパラギの足はやわらかい皮とかたい皮で包まれている。足は死にかけていて、いやな臭《にお》いがする」と。つまり、どうして文明人はわざわざ靴下と靴を履いて、水虫になっているのかというわけです。

もしかしたら私たちも、わざわざテクノロジーを身にまとい、思考力を弱体化させているのかもしれません。

その証拠に、疑問がわくたび、インターネット上の質問サイトにアクセスする人がいます。数年前、大学入試の問題まで試験中に問い合わせた生徒がいて、大問題になりました。まったく信じられないことです。

考える前にググる（インターネットで検索する）というのが当たり前になっているのです。いや、「考える＝ググる」になってしまっているとさえいっていい状況です。

人間が人間であるためには、思考し続ける必要があります。

日ごろ忙しくてなかなかじっくりと考える時間はとりにくいですが、通勤時間を使ってみるのはどうでしょうか。

非人間的扱いを受ける朝のラッシュの中で、ぜひもっとも人間らしい営みである「思考」をしてみてください。朝から勇気がわいてくるに違いありません。

あなたの頭はＡＩよりすごい

「目の前で話されるすべてのことの意味に応じて返答するために、ことばをいろいろに配列することは、人間ならどんなに愚かな者でもできるが、機械にできるとは考えられないのである」

機械は人間に勝つのか

今、もっとも人間を脅《おびや》かすもの。

それはＡＩ（人工知能）だといっていいでしょう。

チェスの世界チャンピオンを負かしたり、大学受験に挑戦したり、最近は小説まで書いているとか。そうなると、人間の仕事はほとんど奪われてしまうんじゃないかと危惧《きぐ》されています。

もっと恐ろしい予測をする人もいます。

それはＡＩが人類を敵とみなしたり、地球にとって有害とみなし、攻撃を開始することです。そんなＳＦのような世界がもう目前に迫っているのです。

これについては専門家の間でも議論がわかれるところですが、私は十分にありえることだと思っています。

ただ、ＡＩが人間以上になるだろうという予測に関しては、懐疑的です。実はこうした議論は、決して今に始まったわけではなく、近世のデカルトも論じていました。たとえば、彼はこんなふうにいっています。

「目の前で話されるすべてのことの意味に応じて返答するために、ことばをいろいろに配列することは、人間ならどんなに愚かな者でもできるが、機械にできるとは考えられないのである」（『方法序説』七五ページ）

つまりデカルトは、機械が人間と同様の能力を持ちうるといいながらも、その程度に関しては人間に劣ると考えていたのです。

その例として挙げられているのが返答能力です。

人間はどんな質問にも答えられるけれども、機械には無理だろうと。

もちろんデカルトの時代にコンピューターがあったわけではないので、そこは差し引いて考えなければいけません。

しかし現代社会においても、この部分はまだ答えが出ていないのです。

人間の頭脳は万能で無限である

コンピューターは無数のパターンを計算できるといっても、それはあくまで計算にすぎません。答えをつくり出しているわけではないのです。

これに対して、人間には創造ができます。

いや、創造さえパターンがあるとも考えられるでしょう。人間がどれだけ意外な思考をしても、AIにはそれさえ模倣可能だと。

はたして人間の頭とAIは仕組みが同じなのかどうか。

これについてデカルトは、次のような整理をしています。

「理性がどんなことに出合っても役立ちうる普遍的な道具であるの

に対して、これらの諸器官は個々の行為のために、それぞれ何か個別的な配置を必要とする」（『方法序説』七六ページ）

デカルトは人間の頭が普遍的な道具であるのに対して、機械は個別的な配置を要するものと区別しているのです。つまり、普遍と個別という対比です。普遍というのは、どこでもなんでもあてはまるということです。これに対して個別というのは、ある事柄にしかあてはまらないということです。この対比はとても面白いと思います。

人間の頭が普遍的であるというのは、言い換えると万能で無限だということです。これに対して、論理的に、機械のほうはどこまでいっても個別の集合にすぎない。どちらが強いかは明らかですよね。

常に人間が先行する

そもそもＡＩは人間の脳を真似《まね》したものです。

でも、無限である人間の頭はそれに負けないように頑張ります。するとＡＩもまた真似をするのです。まるでイタチごっこですね。

ただ、イタチごっこのポイントは、常に先を行くほうがあって、もう一方はそれを追いかけるという構図です。

そしてこの場合、人間の頭のほうが先を行っている点に注意が必要です。

実際、私は創造性においてＡＩに負ける気がしません。

哲学は計算のような単なる論理操作ではありません。れっきとした創造的営みです。むしろ芸術に近いとすら思っているくらいです。

もしＡＩに負けるようなら、哲学者廃業です。

そうなりたくないから、あえて宣言しているのです。人間の頭はＡＩよりすごいと。

自分で探究しないと面白くない

「もしもわたしが若いときからすでに、後になって
その論証を探求したすべての真理を人から教えられ、
それを知るのになんの苦労もしなかったとしたら、
それ以外の真理を知ることはできなかっただろう」

手に入れるまでのプロセスが大事

皆さんは何か集めているものがありますか？

私の場合、強いていうなら海外の大学グッズです。たとえば、よくあるハーバードなどの大学名がプリントされたTシャツやペン、マグネットなど。

これはどこの国に行っても、だいたいお土産《みやげ》として購入しています。

あるとき、その話をしていた友人が、海外の大学のキーホルダーを持ってきてくれました。私にくれるというのです。

でも、なぜか嬉しくありません。失礼になるので一応もらいましたが、本当はほしくありませんでした。

どうやら私は、自分で大学に行って、自分で購入したいようなのです。

よくコレクターの人が自分で収集したいといっているのを聞くことがありま

すが、あれは多くの人に共通する心理なのでしょう。いや、「真理」といったほうがいいかもしれません。現にデカルトもこういっています。

「もしもわたしが若いときからすでに、後になってその論証を探求したすべての真理を人から教えられ、それを知るのになんの苦労もしなかったとしたら、それ以外の真理を知ることはできなかっただろう」(『方法序説』九五ページ)

つまり、自分で手に入れないとだめだということです。そうでないと面白くもないし、またデカルトのいうように、それ以上の発展性がないからです。

収集もそうですが、探求ならなおさらプロセスが大事になってきます。

極端なことをいうと、手に入れるまでの過程や経験が大事なのであって、その結果、手に入ったか逃してしまったかはあまり大きな問題ではないわけです。

魚釣りを思い出してください。釣れなくても楽しんでいますよね。結果だけが大事ならば、魚屋で買ってくればいいのです。

少しずつ自分の手で探究せよ

このプロセスの重要性について、デカルトはこんなふうにいっています。

「さらにかれらが、最初は容易なことから探究し始めて、少しずつ段階を経て、ほかのもっと困難なことがらに移っていくことによって得られる習慣は、わたしの教示すべてよりもかれらの役に立つだろう」（『方法序説』九五ページ）

「少しずつ段階を経て」というところがポイントです。

一気に解決するのではなく、一つずつまるで謎を解き明かすようにして進んでいく。

これがワクワク感をもたらします。

また、何かを学ぶうえでも、そのほうが身につきます。

試験前の一夜漬けで覚えた理科や社会の知識なんて、あっという間に忘れてしまいますよね。

それに対して、何度も実験を繰り返して得た理科の知識や、実際に見学して得た社会の知識はどうでしょう。場合によっては一生残るはずです。

ああ、あのとき実際にやってみたなというふうに。

だから自分の手で探究することが大事なのです。

仕事も同じでしょう。

自分が直接の担当ではなくても、一度現場を経験するとか、少なくとも見ておくことは必要です。

できれば、実際に体験するのがベストです。

なんでも、見るだけなのとやってみるのとでは大違いですから。簡単そうに見えて難しいことはたくさんあります。

人の上に立つ人はなおさらです。

部下や後輩のやっていることで、自分が経験したことのないような仕事があれば、ぜひ一度やってみることをお勧めします。

今後、指示やアドバイスをするときも、まったく説得力が変わってくるはずです。何より相手の気持ちがわかるので、言うは易く行なうは難しなどというような事態を避けることもできるでしょう。

伝記Ⅰ 兵士、旅人、学者——三つの顔を持つ男

ここまでのところで、皆さんはすでに『方法序説』からたくさんのメッセージを受けとられたことと思います。その中で、デカルトという人物自体に関心を持たれた方もいるかもしれません。

そこで本章の最後に、デカルトが『方法序説』を著《あらわ》すに至るまでの半生を紹介しておきたいと思います。

各章に記した伝記やコラムは、休日にでもゆっくり読んでいただけると幸いです。

ルネ・デカルトは、一五九六年にフランスで生まれました。

そして地元の名門ラ・フレーシュ学院に学びます。カトリック系の中高一貫校です。この学校のことについては、『方法序説』の中でもべた褒《ぼ》めしながら紹介しています。

「わたしがいたのはヨーロッパでもっとも有名な学校の一つで、地上のどこかに学識ある人びとがいるとすれば、この学校にこそいるはずだとわたしは思っていた」（『方法序説』一二ページ）

そうして実際に、ラテン語やギリシア語などの語学をはじめ、数学、哲学、医学といったあらゆる学問の基礎を学びます。

しかしデカルトは、こうした教科書で学ぶ学問だけでは不十分なこともよく理解しており、いずれの学問についても足りない部分を指摘しています。

ここが普通の生徒と違うところです。

特に哲学に関しては、当時教えられていたキリスト教を正当化するだけのスコラ哲学に不満があったようで、後に自分が新たな方法論を生み出すきっかけになります。

こうしてデカルトは、ラ・フレーシュ学院を卒業した後、官位を得させようとした父の意向に従い、ポアティエ大学で法学を学びます。

ところが一六一八年、学業を修め、成年となった彼はここで大きな決断をしました。なんと、「世界という大きな書物」に向き合うべく、親の意に反して、志願兵になったのです。

とはいえ、いきなり戦場に送られたわけではなく、まずは著名な軍事学校に入ります。そこで、オランダの自然学者イサーク・ベークマンと運命的に巡り会います。

彼はベークマンの数学と自然学を結びつけるという大胆な発想に触れ、その後の自らの研究の道筋を立てるに至ります。そうしてこの学校で、自然学や数学の勉強に励みました。

一六一九年、デカルトは三十年戦争の戦場であるドイツに赴任することになります。この移動の旅の途中で追いはぎに襲われるのですが、彼は自ら剣をとって追い払ったといいます。

軍人になっただけでも驚きですが、こんな武勇伝があること自体、哲学者のイメージを大きく覆《くつがえ》すものだと思いませんか？

実はデカルトの武勇伝はこれにとどまらず、剣で女性の身を守ったという話もあり、挙句《あげく》の果てに『剣術』という日本でいう武士道のようなものを書いているくらいです。

そんなデカルトの旅は、冬の到来のため中断することになります。

彼はノイブルクのある村に滞在して、思索にふける毎日を送りました。

終日炉部屋《ろべや》に閉じこもり、これまでの経験を振り返ったといいます。学校時代に学んだこと、そして外の世界を旅してわかったことをです。

そのとき不思議なことが起こりました。なんと一晩で三つの夢を見たというのです。

亡霊に脅《おど》かされる夢、電光に打たれる夢、そしてローマの詩人アウソニウスの「私は生のいかなる途にしたがうべきか」という詩句が登場する夢です。

これらは「デカルトの夢」と呼ばれて、研究者の間でも様々な議論がされています。

どんな宗教的予言者にも、このような神の啓示ともいえる神秘的な体験があるものですが、近代哲学の予言者ともいうべきデカルトにとって、これらの夢はある種の啓示だったのかもしれません。

現に彼は、この時期の自分の精神状態を次のように語っています。

「霊感に満たされ、驚くべき学問の基礎を見出しつつあった」と。

一六二〇年になると、デカルトはまた旅に出ます。

今度は九年もの間、フランスやイタリアをはじめヨーロッパ各地を回り、経験を積みます。

そして一六二八年、ついにオランダに隠棲《いんせい》して、哲学体系の構築にとりかかるのです。その後、二十年余りこの地に住み続けました。

彼がオランダを選んだ理由については、こんなふうに記しています。

「この国には、長く続いた戦争のおかげで、常備の軍隊は人びとが平和の果実をいっそう安心して享受できるためにだけ役立っている、と思えるような秩序ができている。ここでは、大勢の国民がひじょうに活動的で、他人の仕事に興味をもつより自分の仕事に気をくばっている。わたしはその群衆のなかで、きわめて繁華な都会にある便利さを何ひとつ欠くことなく、しかもできるかぎり人里離れた荒野にいるのと同じくらい、孤独で隠れた生活を送ることができ

たのだった」（『方法序説』四四ページ）

当時のオランダは、彼にとって、落ち着いて研究をするのに最適だったようです。

そういう場所が見つかったからこそ、この名著『方法序説』を書き上げることができたのでしょう。

よく「どこに住むか」は「誰と結婚するか」と同じくらい大事な選択だといいますが、デカルトは見事その選択に成功したのです。

とはいえ、すべてがうまくいったわけではありません。

たとえば、『方法序説』の前に書いていた『世界論』という著作は、地動説の立場に立つものだったので、ガリレオの裁判を見て出版を断念しています。

せっかく書いたものが世に出ない悲しさは私も経験していますので、さぞ悔しかったであろうと推察されます。

そんな出来事も乗り越えながら、一六三七年、ついにデカルトは『方法序説』を世に問います。

この本が、公刊された初の著書ということになります。執筆に際してデカルトは、当時の学術書には当たり前だったラテン語ではなく、誰でもわかる俗語のフランス語を使いました。

これは『方法序説』の冒頭に出てくる「良識はこの世でもっとも公平に分け与えられているものである」を率先垂範するものだったといえます。

『方法序説』ってどんな本?

『方法序説』の正式なタイトルは、『理性を正しく導き、学問において真理を探究するための方法の序説。加えて、その方法の試論(屈折光学、気象学、幾何学《きかがく》)』という長いものです。

実は、私たちが『方法序説』と呼んでいるのは、本当はこの長いタイトルの本の一部にすぎません。全体では五〇〇ページ以上もあり、メインは科学の論文なのです。その最初の七八ページが全体の序文となっているのですが、これがいわゆる『方法序説』にあたります。

『方法序説』は短いとはいえ、六部にわけられています。デカルト自身が本文の前にわかりやすく記しているので、そのまま引用したいと思います。

「第一部では学問にかんするさまざまな考察、第二部ではわたしが探求した方法の主たる規則が見いだされる。第三部ではわたしがこの方法からひきだした道徳上の規則のいくつか、第四部では神の存在と人間の魂の存在を証明する論拠、つまり著者の形而上学の基礎、第五部ではわたしが探求した自然学の諸問題の秩序、とくに心臓の運動や医学に属する他のいくつかの難問の解明と、われわれの魂と動物の魂との差異、そして最終部〈第六部〉では、わたしが自然の探究においてさらに先に進むために何が必要だと考えるか、またどんな理由でわたしが本書を執筆するにいたったか、見ることができる」(『方法序説』七ページ)

この具体的な中身については、本文の中で順に解説してきたとおりです。第一部から第四部にかけては、デカルトの発見した哲学の方法論が説かれています。ただ、第五部や第六部の内容からもわかるように、また本全体のほとんどが実は科学の論文であったことからもわかるように、デカルトがここでじっくり論じたのは、どちらかというと科学だったのです。

本論である「屈折光学」「気象学」「幾何学」はまとめて「三試論」と呼ばれています。詳細には立ち入りませんが、いずれもこの時代の最先端の議論だったようです。こうしてデカルトは、哲学者としてだけでなく、科学者としても認知されるようになりました。

第2章

朝から強く意志する

――『省察』の言葉

— *Meditationes de prima philosophia* —

哲学で一歩抜きんでる

「この世においては、形而上学の研究に向いている人は、
幾何学の研究に向いている人ほど多くは見出されません」

哲学に向いている人は少ない

皆さんはどんな学問が好きですか？

ビジネスや景気のことを考えると、やはり経済学でしょうか？

それとも、ハイテク技術の時代ですから工学でしょうか？

それとも、こうしてデカルトの本を手にとってくださっているわけですから、哲学でしょうか？


大学で教えているとよくわかるのですが、性格によって好きな学問というのはわかれるものです。

工学の好きな人はタイプが似ていますし、哲学の好きな人にもまた共通点があります。

日本では大雑把《おおざっぱ》に文系タイプ、理系タイプなどという区分がまだまだ一般的ですが、私はこの区分は好きではありません。

とはいえ、数多《あまた》ある学問を二つのタイプにわけるこの分類の大胆さには共感できます。なぜなら、物事の本質を見極めるには、これくらい大胆な絞り込みが必要だからです。

そこで私は学問をこんなふうに分類してみたいと思います。それは「哲学とそれ以外」です。

こんなことをいうと、なんでそんなマイナーな学問を一つのタイプにするのかと疑問に思われるかもしれません。

たしかに哲学はマイナーです。でもそれには理由があるのです。デカルトはこういいます。

「この世においては、形而上学の研究に向いている人は、幾何学の研究に向いている人ほど多くは見出されません」（『省察《せいさつ》』山田弘明訳、筑摩書房、一七ページ）

ここで形而上学の研究というのは、哲学研究のことだと思ってもらえばいいでしょう。

そして幾何学の研究というのは、それ以外の論理に基づく学問の研究だと思ってもらえばいいかと思います。

つまりデカルトは、哲学とそれ以外の学問を比較して、哲学に向いている人は少ないといっているのです。

この向いているかどうかというところに、両者を区別する理由があります。

知を蓄積していく幾何学

デカルトにいわせると、幾何学のような学問には、「確実な明証」が求められます。いわば絶対に正しい答えが求められるのです。

これは幾何学に限らず、多くの学問に共通する大事な要素です。経済学でも工学でも同じです。

そしてこういう絶対的に正しい答えがある学問については、それ以外のことをいうのが難しいので、常識に反するような大胆な仮説を立てないわけです。あくまでそれまでの知の蓄積の上にのっかり、その蓄積が間違っていようと正しかろうと、何かつけ足しのようなことをするだけにとどまります。ただその場合の問題は、どこかで誰かが間違っていると、そのまま間違いを続ける可能性があるという点です。

知の蓄積に異議を唱える哲学

これに対して、哲学はまったく違う態度をとるのです。
デカルトは次のようにいっています。

「哲学においては賛否の両論に分かれて議論の対象となりえないものは何もない、と思われていますので、真理を探究する人はごくわずかであり、大多数の人たちは、あえて最良の説を攻撃することに

よって、天才であるとの名声を得ようとするのです」（『省察』一八ページ）

つまり哲学の場合は、絶対的に正しい答えなどないと思っているため、いくらでも既存の知の蓄積に対して異議を投げかけ、天才を目指すというのです。


いかがでしょうか？

この両極端ともいえる態度の違いが、哲学かそれ以外かをわける基準なのです。

おそらく哲学の好きな人が変わっているといわれるのは、こうした理由からでしょう。ちょっと違うタイプの人なのです。

でも、デカルトのいっていることはそのとおりだと思います。

既存の知にチャレンジすることで初めて、私たちは新しいものを生み出すことができるのではないでしょうか。

天才とは大げさかもしれませんが、哲学をすることで一歩抜きんでるのは間違いないはずです。

物事の根本に帰れ！

「むしろ、基礎を掘り下げれば
その上に建っているものは、
すべてひとりでに崩壊するので、
私がかつて信じていたすべてのものを
支えていた原理そのものに、
ただちに着手することとしよう」

すべては有機的に結びついている

何かを変えたいとき、あるいは問題を解決したいとき、どこから手をつけるかが問題になります。

そういうときは、つい表面的な部分に目がいきがちです。

たとえば、仕事の改善をしたいとき。

たいてい最初にとりかかるのは、現在とり組んでいる仕事の見直しではないでしょうか。

これは当然のことだと思います。

ただ、そこでとどまる人が多いのです。

でも、今とり組んでいる仕事は決してそれ単独であるわけではなく、他の仕事と有機的に結びついているはずです。

いや、仕事だけでなく、自分の生活とも密接にかかわっているでしょう。

たとえば、私が執筆時間を確保できずに困っているとします（事実ですが）。その場合、ライフスタイルから見直さないことには、解決のしようがありません。だからそこまで見据えて変えていく必要があると思うのです。

その根本を変えよ

これについて、デカルトは次のようにいっています。

「むしろ、基礎を掘り下げればその上に建っているものは、すべてひとりでに崩壊するので、私がかつて信じていたすべてのものを支えていた原理そのものに、ただちに着手することとしよう」（『省察』三五ページ）

つまり、何かを変えるなら、一番根本のところを変えるのがいいということです。そうすれば、あとはひとりでに変わっていくのだと。

これは何かを壊すときを考えていただければいいかと思います。どんなものでも基礎のうえに立っているわけですから。

あるいは法律をつくるときもそうです。一番大本《おおもと》になる憲法を変えれば、そこにぶらさがっているほかの法律はおのずと変わっていきます。

私の経験からしても、物事を変えるとき、パッチワークのようなことをやっていても、なかなか追いつかなかったり、漏れが出てきたりします。だから根本から変えたほうがかえって早かったりするのです。

大仕事こそ焦らずタイミングを待つ

根本から変えるというと、大変だなと感じられるかもしれません。原理の転換は大仕事ですよね。

でも、大仕事は焦らずともよいのです。

スピードが求められるものは仕方ありませんが、そうでない限り、タイミングを待てばいいのです。

今の時代に反しているようにも聞こえますが、こういうことこそ哲学の声に耳を傾けるべきです。デカルトはこういっています。

「これは異例の大仕事だと思われたので、この企《くわだ》てに着手するのに、私は年齢が十分熟して、これ以上ふさわしい時は今後はもうないほどの適齢になるのを待つことにした」(『省察』三四ページ)

実際に大仕事を成し遂げた人物の声だけに、含蓄がありますね。数よりも、スピードよりもクオリティを重視する。そんなことがあってもいいように思います。原理の転換のような仕事こそ、時間をかけるべきです。

さらにこのことは、何かを思考する際にも役立ちます。

常に根本に立ち返るようにするということです。

思考するというのは、会社の仕組みや仕事のやり方を変えるほど大がかりな営みではありません。

ですから、常に根本に立ち返る習慣をつけておけばいいのです。

私はこれを「そもそも思考法」と呼んでいます。どんなときも「そもそも」から考えるということです。実はこれは哲学の基本的な作法でもあります。

つまり、「そもそも」から考えると、物事の本質を探求することができるのです。

些末《さまつ》な議論をしていては、本質は見えてきません。そして本質が見えないということは、問題の解決もできないし、新しいものを生み出すこともできないのです。

わかってはいるけれどなかなかできないという人は、「そもそも」を口癖にしてみてはどうでしょうか。

自分の物差しを持て

「私も、わずかでも
何か確実で揺るぎないものを見出すなら、
大きな希望をもってよいであろう」

心の物差しを追求せよ

この本ではデカルトの思想を紹介しながら、それを私たちの日常に役立てようと試《こころ》みているわけですが、そもそもデカルトは何をしたかったのか？

ここで少し考えてみたいと思います。

デカルトは実に様々なことをいっているわけですが、すべてはある一つの動機に導かれたものだといっていいでしょう。

それは「確実なものを探す」ということです。

確実なものを見つけないと、何も考えられないし、何も正確なことはいえないと考えたわけです。たしかにそうですね。

たとえば、今日は暖かいといったとき、何か基準がない限り、本当に暖かいのかどうかも、どの程度暖かいのかもわかりません。

あいつは馬鹿だというのも同じです。何をもって馬鹿といっているのか。もしかしたら、別の人から見ればすごく賢い人かもしれません。

想像してみてください。

雪の中を水着で走っている人を見て、「馬鹿だなー、雪の中をあんなかっこうで」なんていっている全裸の男を。どっちが馬鹿か……。

だから確実なものが必要なのです。

確実なもののことを、判断基準だとか物差しと呼ぶこともできるでしょう。いわばデカルトは、思考のための自分の物差しを求めたのです。その答えが前にご紹介したデカルトの代名詞ともいえるフレーズ、「我思う、ゆえに我あり」だったのです。

つまり、決して疑うことのできない自分の意識だったわけです。

これを探すために必死になったデカルト。

それは次の言葉からもうかがい知れます。

「私も、わずかでも何か確実で揺るぎないものを見出すなら、大きな希望をもってよいであろう」（『省察』四三〜四四ページ）。

デカルトは確実なものを見つけることで、大きな希望を手にしたのです。そのはしゃぎようは、まるで宝物を見つけた子どものようです。でも、わからないこともありません。一生使える物事の判断基準を手にしたなんて、すごいですよね。だってもう判断に困ることはないのですから。

人生は判断の連続です。そのたび悩みます。

だから万能の判断基準である心の物差しは、不可欠のアイテムなのです。

身の丈に合った物差しを持つ

とはいえ、彼はその万能の物差しで、何でも判断できるとまでは豪語しません。あくまで、次のようにいいます。この謙虚さが賢明さにつながっているのでしょう。

「私が判断をすることができるのは、私に知られたものについてのみである」（『省察』四八ページ）

「神とは何か」とか「宇宙とは何か」なんて大きすぎる物事を、ほら吹きのように判断することはありません。自分の物差しを持つことは大事ですが、私たちも思い上がりには警戒が必要です。それは必ず失敗につながります。

私の痛い経験を一つ。

あれはまだ哲学なんて知らない商社の新米社員のころでした。大きな会社に入り、自分が偉くなったように錯覚していた愚かな私は、よく知らないくせに偉そうに判断しまくっていました。

別に嘘をついていたのではなくて、本当にわかっているつもりだったのです。そう、思い上がりです。

外で勝手な判断をし、後で上司から「お前、こんなことをいったのか」「あんなことをいったのか」という叱責《しっせき》を受け、後悔する日々。

自分の物差しではなく、人の物差しで物事を判断していたのだと思います。

物差しは、自分の身の丈に合ったものでないといけません。

いくらかっこよくてすごい道具でも、使いこなせないならただの足かせです。よく切れるナイフは、獲物を仕留めるのに最適でも、子どものおもちゃとしては最悪のものになります。けがをするのがオチなのです。

だから再度確認しておきたいと思います。

自分の物差しを持て！　ただし、身の丈に合った物差しを、と。

データから目に見えない情報を入手せよ

「このように私は、目で見ていると思っているものを、私の精神のうちにある判断の能力によってのみ理解しているのである」

情報を総合的に分析する

データの時代だといわれます。

私の所属する学部でも、文系・理系を問わずとにかく大事だということで、統計学は必須科目になっています。

コンピューターやネットワークの発達によって情報があふれる時代だからこそ、それをいかに処理するかが問われるのです。

では、データを処理するとはどういうことでしょうか？

それはもちろん、データを整理する、取捨選択するということです。しかしその際にもっとも求められるのは、そのデータをどう読むかということです。

同じ情報を与えられても、理解の仕方によってそのデータの意味はまったく変わってきます。

たとえば、ある集団の名簿があったとします。

その集団の人数を知りたい人にとっては、性別はどうでもいいことです。

でも逆に、性別を知りたい人にとっては、人数などどうでもいいのです。

これらは一目で判断できる情報ですから、まだ取捨選択しやすいでしょう。

もしその人たちがなんの集団なのかと問われると、パッと名簿を見ただけではわかりません。データの分析が求められます。

それには名前を分析したり、その他の情報をあわせて考察したりということが要求されてきます。

その場合は、目ではなく頭を使わなければならないのです。

デカルトは、私たちは通行人を見ても、その人そのものではなく、その人の帽子と衣服しか見ていないといっています。そして次のように主張するのです。

「このように私は、目で見ていると思っているものを、私の精神の

うちにある判断の能力によってのみ理解しているのである」（『省察』五五ページ）

つまり「見る」とは、単に表面的なものを見ることではなく、総合的に判断するということです。

「あの人を見て！」といわれて、服しか見ない人はいません。表情、動き、そしてそこから読みとれるその人の性格まで判断しようとしてしまいますね。

これを洞察力と呼ぶこともできるでしょう。

データの分析も同じで、表面的なものだけでなく、その背後にあるものを勘《かん》案《あん》して総合判断する必要があるのです。

分析力は訓練で鍛えられる

人間は自然にそんな総合判断をする生き物ではありますが、その程度は人によって様々です。洞察力に優《すぐ》れた人とそうでない人がいるように、データの分析能力に優れた人とそうでない人がいるのです。

これは、意識するのとそうでないのとでは大きく変わってきます。ぼけっと見ているだけでは、深く探ることはできません。深く探るには、「背景には何があるのかな？」と探偵のようにならなければならないのです。

また、こうした能力は訓練で伸ばすこともできます。統計学に限らず、日ごろから新聞を読んで物事の背景を理解する訓練、つまりメディア・リテラシーを高める訓練や、推理小説を読んで洞察力を高めるのもいいでしょう。

根気強く先入観を書き換えよ

このデータ分析でネックになるのは、先入観です。

人間の先入観とは厄介《やっかい》なものです。思い込みが強いと、見えるはずのものも見えません。既存の知識に誘導されてしまうのです。

名簿に浩美、明美などとあると、それだけで女性だと思ってしまいますよね。でも、どちらも男性にもある名前です。

こんな単純なことでさえ、私たちはひっかかってしまうのです。

では、どうすればいいか？　デカルトはこういいます。

「しかし古い意見の習慣はそれほど早く除去されえないので、ここに立ちどまり、長い時間をかけた省察によって、この新しい知識を私の記憶にいっそう深く刻み込むのがよいであろう」（『省察』五七ページ）

つまり、時間をかけて先入観を書き換えていくしかないということです。

私たちにできるのは、分析を繰り返すことだけ。近道はないのです。

原因を突き止めよ

「だが、ものが観念を介して知性のうちに
表象的にあるという、
そのあり方はたとえ不完全ではあっても、
しかしまったくの無ではなく、
したがって観念が無から生じることは
ありえないからである」

物事には必ず原因がある

ＵＦＯ、失踪《しっそう》、幽霊、ミステリーサークル……。

世の中には原因不明の出来事というのがあるものです。

そんな超常現象を解決する人気テレビドラマ『Ｘファイル』は、すでに二〇〇話を超えているそうですから、それだけ原因不明の出来事が多いということでしょう。

ＵＦＯほど大げさな話ではなくても、これは私たちの職場でもよく起こることです。使途不明金、システムダウン、書類の紛失……。

誰がやったかわからない、なぜ起こったのかわからない。そんな声を聞くことがあります。でも、原因がないなどということはありえないはずです。デカルトはこう表現しています。

「だが、ものが観念を介して知性のうちに表象的にあるという、そのあり方はたとえ不完全ではあっても、しかしまったくの無ではなく、したがって観念が無から生じることはありえないからである」

(『省察』六八ページ)

ここでは無から観念は生じないといっています。つまり無から有は生じないということです。

何事にも原因があるのです。

使途不明金は誰かが不正を行なっているわけですし、システムダウンは大量のデータ処理を行なった人がいるか、あるいはウイルスのせいかもしれません。書類の紛失は整理や管理に問題があるに決まっています。

私のところでも、学生がよく「ファイルがなくなりました」といってくるのですが、よく探したら絶対にあるはずなのです。だいたいの場合、翌日に「やっぱりありました」と気まずそうにいってきます。

だから私は、学生がファイルなどをなくす事件のことを『Xファイル』にかけて、「Rファイル」と呼んでいます。ファイルは必ずあ〜るというしゃれです。

物の場合、探せば出てくるように、原因探しは比較的容易です。

その考えは表面的なものにすぎない

これに対して、考え方や意見の場合はなかなか難しいものがあります。

なぜそんな考えに至ったのかわからないといった場合です。

思い違いもそうですね。

これについてデカルトは、こんなことをいっています。

「その観念の原因は、あたかも原型のようなものであって、そこでは観念においては単に表象的にあるすべての実在性が、形相《けいそう》的に含

まれているのである」(『省察』六八ページ)

つまり、浮かんできたその観念(考え)には必ず原型(原因)があって、その原型がすべてを含んでいるということです。そして、観念は外に表れる表面的なものにすぎないというわけです。

実際デカルトは、観念について、自然の光に当たってつくり出される映像のようなものだとも形容しています。

外に表れていない部分に目を向けよ

ここから学ぶべきは、まず「自分の考えは表面的なものにすぎない」のだと認識することです。

そうすると、外に表れていない部分に目を向けることができます。

それらをすべて洗い出して総合すると、考えの元になった原型、つまり原因が見えてくるのです。そして原因がわかれば、解決策も見えてきます。

一例を挙げると、人に対する印象がわかりやすいでしょう。

あなたは、職場のAさんが苦手だとします。でも、自分ではなぜAさんを苦手と思うのか、その原因がわかりません。

そこでまずすべきは、「Aさんが苦手だ」という観念は表面的なものにすぎないと認識することです。

次に、それではAさんはどういう人なのかよく観察し、考察します。するといろいろな側面があることに気づくはずです。その中で初めて、なぜ自分がAさんのことを苦手に思うのかが見えてくるのです。

それはすごく意外な理由であることもあります。

私も経験がありますが、理由なく苦手だなと思っていた人が、ある日靴の裏を触っていたのです。よく観察していると、その人はトイレの後、手も洗いません。私との衛生観念の違いが苦手意識を生んでいたのです。

まぁこのケースでは原因がわかってもどうしようもないのですが……。

一瞬一瞬を大切に

「どんなものも、
それが持続する各瞬間において保存されるためには、
そのものがまだ存在していないときに、
それを新たに創造するのと
まったく同じ力とはたらきを要するからである」

「時間」は「瞬間」の非連続的な集合体

時間を大切にしていますか？

私は人から時間貧乏といわれるほど、時間に敏感です。

「その日を摘《つ》め」などと訳される有名な言葉、「カルペ・ディエム」というラテン語があります。古代ローマの詩人ホラティウスに由来するようですが、ロビン・ウィリアムズ主演の名作映画『いまを生きる』でも有名になりました。劇中に登場するセリフです。

私はこの言葉が好きで、いつも肝に銘じながら生きているといっても過言ではありません。明日どうなるかわからない人間という存在にとって、一日一日、あるいは一瞬一瞬がいかに大事か、この言葉が教えてくれているからです。

同じ瞬間は二度と訪れません。また次の瞬間は存在するかどうかもわからないのです。こんなふうに時間をとらえるから、時間貧乏になるのでしょう。
ただ、この発想は決してネガティブなものでないことだけは確かです。
それはデカルトの次の言葉からも明らかでしょう。彼はこういいます。

「どんなものも、それが持続する各瞬間において保存されるためには、そのものがまだ存在していないときに、それを新たに創造するのとまったく同じ力とはたらきを要するからである」（『省察』七八ページ）

これは連続的創造説と呼ばれるものです。
つまりデカルトは、時間を「瞬間が非連続に集合しているもの」ととらえ、また「新しい時間はその都度《つど》創造されている」と考えたのです。

私が一瞬一瞬を大事にしているのは、デカルトと同じように時間を瞬間単位で独立的にとらえているからです。

いくら過去に何か偉業を成し遂げたとしても、それはもう過ぎ去ったものなのです。極端なことをいうと、過去にいいことをしたからといって、今悪いことをしても許されるなんてことはないですよね。その都度、その都度の行為が評価されるからです。

もちろんその積み重ねが人生であって、私たちが過去も含めて人から評価されるのはいうまでもありません。

でも、一番着目されるのは、「今がどうか」です。

これが瞬間を大事にする発想のポジティブな点、その一です。

毎日はリセットされている

ポジティブな発想のその二は、デカルトが後段でいっている「新たに創造する」という部分です。

時間が瞬間単位で独立しているということは、常に新しい時間が生み出されているということです。その新しい時間の中ですべてが新たに生まれているのです。

そう考えると、私たちもどんどんリセットして、気持ちを切り替えながら、新たな挑戦をしていけるような気がしてきませんか？

ここがもっともポジティブな部分です。

このように、瞬間ごとに時間をとらえる発想は、時間貧乏というネガティブな表現とは裏腹に、きわめてポジティブな発想であることがおわかりいただけると思います。

思考力で過去と未来をつなげよ

とはいえ、この発想に何の問題もないというわけではありません。デカルトが指摘する次の問題を解決しておかなければならないのです。彼はいいます。

「それゆえいまや私は、いま存在している私を、すこし後でも存在

するようにすることができる何らかの力をもっているかどうかを、私自身にたずねなければならない」(『省察』七八ページ)

そうなのです。もし瞬間単位で私たちが生まれ変わっているとすると、私たちの連続性をどう担保するかが問われてきます。

これについては、こんなふうに考えてみてはどうでしょうか？

つまり、瞬間単位で生まれ変わってはいるものの、私たちにはそれらをつなぐ「思考力」があると。

実はデカルトも神を持ち出しながら、そのようなことをいっています。

しかし神の話をしなくても、私たちが瞬間ごとにバラバラに独立している自分を、頭を使ってつなぎ合わせることができるのは事実です。

一瞬一瞬を生きながらも、頭の中で過去と未来をつなぐ自分を意識しておけばいいのです。

それが人間という存在なのです。

過信してはいけない

「そして私はいわば神と無との中間者、
つまり最高存在者と非存在との中間者として
置かれているということに気づいた」

人間は神ではない

皆さんは自分に自信がありますか？

私はかなりあるほうです。そうでないと人前で発言などできません。でも、その自信のせいでよく失敗します。自信があると、ついついやりすぎてしまうのです。

それはつまり、自分の力以上のことをやってしまうということです。

もちろん自信を持つことはいいことです。でも、自分の能力をしっかりと見極めて、それに応じた自信を持たなければなりません。

人間の自信というのは怖いもので、自信があるときはものすごくあるのです。まるで自分がなんでもできるかのような感覚にさえとらわれてしまう。

これは何も私に限った話ではありません。

一般的にそういうものなのです。デカルトは次のようにいっています。

「そして私はいわば神と無との中間者、つまり最高存在者と非存在との中間者として置かれているということに気づいた」（『省察』八六ページ）

つまり、私たちは神のように完璧な存在ではなく、間違いを犯しうる存在だということです。

ところが、ときに神にでもなったかのように舞い上がってしまいます。自分が何か成功したときのことを思い出してみてください。

よく天にも昇る気持ちといいますよね。

あれで本当に神にでもなったかのように錯覚してしまうわけです。

逆に、失敗したときはどうですか？

死にたいくらいにへこんでいるのではないですか？

何を隠そう、私がそうなのです。だって、自信というものは「すごくある」か「まったくない」かのどちらかですから。

まずは自信をつけよ

自信がないのは、自信がすごくあることより問題です。これはなんとしてでも克服しておかなければなりません。

そのためにはごく小さな成功をたくさん積み重ねることが大切です。

ごく小さな成功なら、簡単に得られるはずです。

たとえば、英単語を毎日五個覚える。

これが欲張って二〇個とか五〇個だともうだめです。

絶対できることでかつ成長につながることをやるのがポイントです。

五個なら絶対覚えられるうえに、新しい単語が五個増えれば成長ですから、喜びも得られるはずです。喜びがないと、自信につながりません。

でも、たった五個ではたして自信にまでつながるのだろうかと思われる方もいるかもしれません。そこで、「ごく小さな成功をたくさん」と書いたのです。ごく小さな成功がたった一つでは、さすがに自信にまではつながりません。ちょっとした喜びで終わってしまうでしょう。それを自信につなげるには、数です。

これは逆転の発想です。大きな成功をいつまでたっても得られず、自信もなくしてしまうくらいなら、ごく小さな成功をたくさん積み重ねることで自信を得たほうがいいのです。数も積もれば自信となる、です。

間違いはあるべき認識の欠如から生じる

さて、そこで先ほどの問題に戻りますが、こうして自信を持てるようになると、例の過信が芽生えてきます。「俺ってカミだ〜!」と。

「誤謬《ごびゅう》は純粋な否定ではなく欠如、すなわち私のうちに何らかの仕方であるべき認識が欠けていることだからである」（『省察』八七ページ）

考えてみれば、自分を神だと思う、つまりすごいと思ってしまうのも、あるべき認識が欠けていることによって生じる誤謬（間違い）です。

自分を知るというのは、過信をしないために不可欠の作業なのです。

いかがですか、皆さんは自分を知っていますか？

意志力だけは万能

「とくに注意すべきことと思われるのは、意志はきわめて完全で、きわめて大きいので、これ以上に完全でより大きい他のものが私のうちにありうるとは考えられない」

意志力はときに神にも逆らう

昔から私は、超能力に憧れてきました。

空を飛べる、テレパシーを発することができる、瞬間移動ができる……。

そんなことができたらなぁと、よく夢想したものです。

これはきっと私だけでなく、世界中の多くの子どもたちが抱く願望だと思います。その証拠に、世界中に特殊能力を持ったヒーローの話があります。

大人向けの映画もある点を鑑《かんが》みると、子どもだけでなく、大人もまた超能力に憧れているのではないでしょうか。

通勤ラッシュを避けて、空を飛んでいけたらなぁとか、布団から瞬間移動で会社に行けたらなぁというふうに。

実はそんな超能力の一つを人間は持っています。それは意志力です。

意志力というのは万能で、神の力と同じです。

現にデカルトもそう表現しています。

「人間は神ではない」というあの冷静なデカルトが、「意志だけは神と同じだ」といっているのです。そして意志について、こんなふうに評しています。

「とくに注意すべきことと思われるのは、意志はきわめて完全で、きわめて大きいので、これ以上に完全でより大きい他のものが私のうちにありうるとは考えられない」(『省察』八九〜九〇ページ)

意志は完全できわめて大きいだなんて！

いや、これは決して大げさな表現ではありません。考えてみれば、たしかに意志は自分次第ですから、ときに神にも逆らえるのです。

デカルトが挙げる根拠もそこです。

何を肯定するのも否定するのも、自分次第じゃないかと。

神の存在さえ、「俺は否定する」といってしまえば、もう神に勝ったようなものです。

デカルトは、だから私は自由なのだと豪語《ごうご》します。そしてこういうのです。

「私が自由であるためには、そのどちらの側にも動かされることができることは必要でない」（『省察』九一ページ）

つまり、何事も自分で選ぶ。その意味で自由なのです。

そんなことをいうと、自分で選んだつもりが、実は神様にそう決められていたんだよと反論する人がいるかもしれません。

でも神がなんといおうと「いや、俺が決めたんだよ」というだけで、それはもう自分の勝ちなのです。

意志力は不可能を可能にする

では、この意志力の万能性をどう使えばいいのか？

せっかく万能の超能力を持っているのですから、使わない手はありません。

私の場合は、立ち上がるときに使っています。

意志力だけが万能だということは、実はそれ以外は万能ではないということです。

ですから、常に壁にぶち当たります。それが人間の生活の現実です。

私もそうですし、皆さんもそうだと思います。

もし何事もうまくいくという人がいれば教えてください。ＦＢＩに連れていって検査してもらいますから。きっとそんな人はエイリアンか何かに違いありません。

冗談はさておき、そんな壁にぶち当たる毎日だから、私は日々立ち上がる必要があるのです。そのとき立ち上がる勇気をくれる力が、意志力なのです。

もうだめだと思ったとき、「やってやる」という気持ちがなければ二度と立ち上がることはできません。

本当に落ち込んでいるときは、「まだやれる」なんてなかなか思えませんよね。だって根拠がないのですから。

その根拠のないところにやる気を起こさせるのが意志力なのです。


なにしろ「やってやる」というだけでいいのです。

そういうのに根拠も何も必要ありません。

スポーツでも「やれる」と思うから立ち上がるのではなくて、「やってやる」といって立ち上がるのではないでしょうか。気力とはそういうものです。

私はアスリートではありませんが、日々大量に行なう執筆の過酷さはアスリートのトレーニングや試合並みです。普通に考えたらもうだめそうなとき、「やってやる」といって頑張ります。そしてちゃんとやり遂げています。

不可能を可能にする。意志力は本当に超能力なのです。

想像で千角形を描け

「ここで私は、想像するには、理解するときには使わない心のある特別な緊張が必要であることに、明白に気づくのである」

想像は一瞬先の自分へのプレゼント

突然ですが、テストです。

五角形を頭の中で描いてください。簡単にできますよね。

あのアメリカの国防総省ペンタゴンの形が頭に思い浮かんだことと思います。ペンタゴンは英語で五角形という意味ですから。

では、次に千角形を頭の中で描いてください。え、できない？

そうなのです。

これは私もにわかにはできません。なぜなら見たことがないからです。

ただ、五角形と同じ要領で、辺を一〇〇〇本つなげていけばいいのですから、想像すればできるはずです。

五角形と千角形の違いは、この「想像」という部分にあります。

デカルトはまさにこの五角形と千角形の例を出して、こんなふうにいっています。

「ここで私は、想像するには、理解するときには使わない心のある特別な緊張が必要であることに、明白に気づくのである」（『省察』一一一ページ）

つまり私たちは、五角形がどんな形をしているかは理解しているのです。

だからその理解を頭に描きます。

でも、千角形は理解していないので、想像するよりほかありません。

するとここで急に頭の中に緊張が走る。

いや、緊張が求められるといったほうがいいでしょうか。

この緊張は、おそらく未知のものに対する不安と期待から来るものと思われます。今まで見たこともないもの、まだ理解していないものに対峙《たいじ》するときのドキドキ感です。幽霊屋敷に入るときのドキドキ感というよりは、プレゼントを開けるときのあのワクワク感により近いといえます。

しかも自分がその想像を生み出すのですから、ワクワクしないわけがありません。想像は今の自分から一瞬先の自分へのプレゼントなのです。

私は元美術部顧問で、ピカソについての本を出しているほどアートが好きなのですが、その理由もここにあります。

想像することが好きなのです。千角形どころか、無量大数角形だって想像できます。これは人間の能力のすごいところです。

なんでも生み出せるというのは、自分がドラえもんにでもなった気分です。

想像力が仕事を面白くさせる

ただ、アートにしても千角形にしても、想像の世界だけじゃないかと思われる方もいるでしょう。

たしかに、ほとんどのことはそうです。

でも、想像が実際の物になって、それが世の中の役に立つということもあります。

多くの商品は想像から生まれたものではないでしょうか？　こんな商品があったらなという想像が、創作意欲を掻《か》き立て、実現に至るわけです。

社会のあり方もそうです。こんな社会だったらいいのになという想像があって初めて、それが政治を通して実現されるのです。

だから誰も想像しない社会は、ちっとも面白くないものになってしまうでしょう。それほど想像力は大事なのです。

にもかかわらず、学校では想像力を伸ばすことを重視していません。子どもたちは五角形を理解したり面積を求めたりするのは得意ですが、千角形なんて考えたこともないのです。

あるとすれば、図工の時間でしょうか。週に一回あるかないかの時間です。

だからといって算数を削って図工の時間を増やせというのではありません。算数の時間に図工の要素を入れればいいのです。

つまり、どの時間でも、もっと想像する機会を設けようという提案です。

そのためには、教育全体に大きな発想の転換が求められるでしょう。一言でいうと、頭よりもっと感覚を重視した授業、教材、教室に変えるべきなのです。デカルトはこういっています。

「私はそれらを感覚によってよりよく知覚し、感覚から記憶の助けによって想像に達したと思われる」（『省察』一一二ページ）

想像は鋭い感覚のなせる業だからです。

これは大人にもあてはまります。想像力が仕事を面白くするに違いありませんから。ぜひ千角形を描いてみてください。

前に進むために心配事を解消せよ

「ここで第一に私が気づくことは、精神と身体との間には大きな差異があり、身体はその本性からして常に分割されるが、精神はまったく分割されないということである」

身体の不調は精神力で克服できる

映画『127時間』をご覧になりましたか？

登山家アーロン・ラルストンがグランドキャニオンで岩に挟まれた自らの腕を切り落とし、見事生還した実話を元にしたものです。

生き延びるためには仕方なかったのでしょうが、なんともぞっとする話ですよね。

はたして自分にできるかどうか。

麻酔なしで、普通のナイフで切るんですよ。


なぜ彼にそんなことができたかというと、やはり精神力でしょう。

精神力が強ければ、身体の痛みも乗り越えられますし、それに多少身体の一部を失っても、持ちこたえることができるのです。

デカルトはそのことをこんなふうに表現しています。

「ここで第一に私が気づくことは、精神と身体との間には大きな差異があり、身体はその本性からして常に分割されるが、精神はまったく分割されないということである」（『省察』一二八ページ）

身体は切れるが、精神は分割できないということです。

そして面白いことに、デカルト自身がここで腕を切りとっても、精神がとり除かれることはないという例を挙げています。

つまり、身体の一〇パーセントを失ったからといって、精神もその分だけ失われるなんてことはないということです。

もちろん精神的ショックはあるでしょうが、それは人によりますし、何より回復可能なのです。

さすがに日常、岩に挟まって腕を切らないといけない状況を経験する人は少ないでしょうが、このことは私たちの日ごろの体調にもあてはまるものです。

たとえば、体調不良であったとしても、精神力次第でベストを尽くすことは可能だということです。

実際に、そういう人を見ますよね。

いつもと変わらないパフォーマンスを見せてくれたアスリートが、実は体調不良と闘いながらやっていたなんてことが後からわかったりします。そのとき私たちは驚愕《きょうがく》するわけです。

人間の精神力ってすごいと。

私も大学院に通っていたころ、二週間ほど手術入院したことがあります。それでも論文を書くためにドイツ語の家庭教師を病室に呼んで勉強を続けていました。後にそのドイツ人に再会したとき、私の精神力に心を打たれて自分も発奮《はっぷん》したといってくれました。

心の健康を保て

逆に心に何か心配事がある場合は、全体がダメになってしまうということでもあります。身体まで思うように動かなくなるのです。

だから前に進むためには、早めに心配事を解消しておいたほうがいいのです。効率が変わってきますから。

その意味では、身体よりも精神を重視すべきですね。

けれど、精神は目に見えない部分なので、つい軽視しがちです。

そう、精神は身体と違って維持管理しにくいのです。

そのため、身体に精神が騙《だま》されるということも起こりえます。脳が身体に騙されるのです。デカルトはこんなふうにいっています。

「神の広大な善性にもかかわらず、精神と身体とから複合されているものとしての人間の自然本性が、時として欺《あざむ》くものであらざるを

えないことは、まったく明白である」（『省察』一三一ページ）

まずは身体の管理をせよ

精神と身体が一体のものになっているがゆえに、一部でも身体の調子が悪くなると、精神は身体全体の調子が悪いように思ってしまうことがあります。反対に全体の痛みだと思っていたのが、実は一部の痛みだったり、あるいは、ある部分の痛みを別の場所の痛みと勘違いしたりということも生じるわけです。

心と身体を正確に管理するためには、このことを意識して、常に疑う姿勢が大事です。自分の脳は騙されていないかと。

そんなことをいっても、どうすればいいのかわからないという人は、とにかく体の健康に留意することです。どこも悪くなければ、騙されることはないはずですから。お酒、飲みすぎていませんか？

完全に理解できたものだけが本物

「読者が、明晰《めいせき》に認識しているものにおいては、
いかなる虚偽も認めたことがなく、
逆に、ただ不明瞭に把握したものにおいては、
偶然によるのでないかぎり、
いかなる真理も見出さなかったことに注意すること」

要を得た説明をする

「小学生でもわかるように説明してください」

そんなことをいわれたことはありませんか？

私はしょっちゅうです。

何しろ哲学なんていう難しい（と思われている）学問をやっているので、できるだけ簡単な説明が求められるのです。


会社でもそうだと思います。

難しいこと、新しいことを話すときには、簡単な説明が求められるのです。

小学生でもわかるというのは、ただ単に内容をシンプルにするとか、端折《はしょ》るということではありません。

この言葉に象徴されているのは、それほど要を得たということです。

つまり、本質をずばりとらえた説明が求められるわけです。

完全に理解せよ

そのためには、自分自身が内容を完全に理解しておく必要があります。

この点について、デカルトは次のようにいっています。

「読者が、明晰に認識しているものにおいては、いかなる虚偽も認めたことがなく、逆に、ただ不明瞭に把握したものにおいては、偶然によるのでないかぎり、いかなる真理も見出さなかったことに注意すること」（『省察』一四一ページ）

つまり、完全に理解できたことだけが本物で、よくわかっていないことは偽物だということです。

よくわかっていなくても、答えを導き出せることはありますが、それは偶然にすぎないというわけです。

先ほどの「小学生でもわかるように説明する」という表現には、完全に理解せよというメッセージが込められているのです。

そうでないと、簡単に説明することなどできません。

私もそのように求められて初めて、自分がある概念の意味をわかった気になっていたにすぎないことに気づきます。

人に教えるのは最大の学びだといいますが、そのとおりです。

人に教えるためには自分が完全に理解していなければなりませんが、一人で勉強していても、自分が理解できていない部分にはなかなか気づかないものですから。

人間は誰しもしんどいことは避けるものです。

物事を完全に理解するというのは、とてもしんどいことなのです。

なんでも六割くらいはあっという間に理解できるでしょう。

世の中にある入門書はそのためのものであって、その限りでは有効です。

でも、それ以上を理解しようとすると、その何倍もの努力が求められるのです。ましして完全に理解しようと思えば、相当の時間とエネルギーが要求されるはずです。

中学校レベルの知識はすぐに得られるけれども、大学で学ぶレベルだとそうはいかないのと同じです。

だから避けるのです。

先入観で疑ってはいけない

にもかかわらず、困ったことに私たちは、単なる思いつきや先入観に基づいて疑問を抱きがちです。人の意見を疑うこともあります。

デカルトはそんな態度を、次のように厳しく戒《いまし》めます。

「そのことによって、単に感覚の先入見に基づいて、あるいは何か知られていないものを含む仮説に基づいて、純粋知性によって明晰判明に認識されるものを疑いに付すことは、まったく論理に適合しないということを考察するよう、要請する」（『省察』一四一ページ）

疑うのは大事ですが、そのためには根拠が求められます。

本当に理解しているしっかりとした根拠に基づいて疑うのではなく、いい加減な根拠で疑うのは、かえってマイナスなのです。

憶測《おくそく》でものをいうなといわれますが、場合によっては名誉棄損《めいよきそん》になったりすることもありえるので、注意が必要です。

心の中では徹底的に疑い、他方で根拠を探す。そうして疑いを他者にぶつける。これが正しい作法だといえるでしょう。

でかいことをやれ！

「より大きなこと、
あるいはより困難なことをなしえるものは、
より小さなこともまたなしえる」

あえて大きい箱を選ぶ

大きな箱と小さな箱があるとします。

あなたはどちらの箱を選びますか？

ここで私たち日本人は、小さな箱を選ぼうとします。なぜなら、昔話で大きな箱を選んだ人が決まって痛い目に遭《あ》う姿を見てきているからです。

世の中には、でかいことと小さいことがあります。

なぜか日本では小さなほうがいいとされるのです。先ほどの昔話の例ではないですが、大きいほうを選ぶのは欲がある証拠とみなされるからでしょう。

でも私の経験からすると、でかいものを目指していないと、何事もなしえないように思うのです。

デカルトも同じことをいっています。

「より大きなこと、あるいはより困難なことをなしえるものは、よ

り小さなこともまたなしえる」（『省察』一四四ページ）

これは真理だと思います。

試験でも、一〇〇点を目指すから八〇点がとれるのであって、最初から八〇点を目指していては七〇点くらいしかとれません。

目標に限っていえば、でかければでかいほどいいのです。

だから私は、常々学生たちにもでかいことをやれといっています。

ましてや世界を相手に活躍しなければならないグローバル世代です。

小さいのは身体だけで十分です。そこは西洋人と比較しても、いかんともしがたいものがあります。

サプリなどによって無理して身体を大きくしようとする人もいるようですが、力を入れるべきなのはそっちじゃないでしょう。

大事なのは中身です。

でかい夢を笑うな

その肝心の中身ですが、そもそも日本人がでかい夢を持てないのは、自虐的な性質が禍《わざわ》いしているように思えてなりません。

学校教育でも、でかいことをいう人間ほどからかいの対象です。

いくら本人が本気でいっても、話がでかければでかいほど笑われる。

つまり、冗談だと思われるのです。

「おおっ！」と声を上げて褒めてくれる人などいません。

先生でさえそうだから困ります。

たとえば、小学生に将来の夢を書かせたとしましょう。

ある子が本気で「世界平和です」といっても、誰も真剣に受け止めようとはしません。これが日本の現実です。

自分たちにはそんなことは無理だと思っているのでしょう。

島国だし、身体も小さいし、英語も話せないし。

この自虐性が問題です。

どうして私たちの持つ無限の可能性に着目しないのでしょうか。人間には無限の可能性が詰まっています。

とするならば、私たちだってなんでもできるはずです。デカルトもこういっています。

「無限な実体は有限な実体よりも、より多くの実在性をもつ」（『省察』一四三ページ）

少なくとも私たちの思考やエネルギーは無限です。

その無限の思考やエネルギーをもってすれば、不可能を可能にすることもできるはずです。

現にそうやって、日本人だって科学の世界で目覚ましい成果を上げてきているではないですか。

毎年のように受賞者が出るノーベル賞、最近の新しい元素の発見もそうです。

身体が小さいと強調しすぎましたが、スポーツの世界でも日本人のトップアスリートたちが活躍し始めています。

これはどんな世界でも同じです。

国や身体は関係ありません。言語だって関係ないでしょう。

大事なのは、でかいことをやろうと思っているかどうかです。

そう思えれば勝ち、思えなければ負け。それだけのことです。

昔話はあくまで昔の話です。

二十一世紀の日本では、あえて大きな箱を選ぶ価値観が求められています。

痛い目に遭ったっていいじゃないですか。

どんどんでかいことをやりましょう！

私の夢？　もちろん「世界平和です」。

伝記Ⅱ

どうしても哲学の主著を出したかった

『方法序説』の出版後、デカルトは科学者として認知され、当時の著名な科学者たちと論争を重ねます。

というのも、本来五〇〇ページ以上もある『方法序説』は、そのほとんどが科学に関する論文であって、哲学的方法について論じた部分は最初の七八ページにすぎないからです。

この最初の部分が、いわゆる『方法序説』という名で哲学書として位置づけられているわけです。

このように、前著では哲学について書き足りなかったとの思いから、形而上学の主著、つまり哲学の主著となる『省察』を執筆するようになるのです。

そして一六四一年に初版を公刊します。

よくデカルトの主著といえば、『方法序説』が挙がりますが、本当は哲学的な主著は『省察』なのです。

とはいえ、内容的には『方法序説』と変わるものではありません。あの中の哲学的方法論の部分をたっぷり論じたものだといっていいでしょう。

第2章では『省察』を扱ったわけですが、『方法序説』の出版からそう時間がたっていないこと、また例の二十年余にわたるオランダ隠棲中に書いたということもあって、この間の人生のエピソードはそう多くありません。

そこで、『省察』が出版された経緯やその内容を中心に紹介していきたいと思います。

先ほど初版は一六四一年に世に出たといいました。

この年、デカルトは四十五歳になって円熟期を迎えていました。

オランダに来てからも十年たっています。

そこで哲学者としての集大成をまとめたかったのでしょう。

なんと彼はこの本を自費で出版するのです。


当時も今も、出版するにはいくつものハードルがあります。

自分の思いどおりの内容にするためには、自費で出すしかないのです。

遺産で生活していたとはいえわざわざ自費出版するというのは、「この本は自分の魂を込めたものだ」という主張なのでしょう。


そして翌年には第二版が出ます。

初版との違いはサブタイトルだけです。

『省察』の正式名称は『第一哲学についての省察』といいます。

そのサブタイトルは、初版では「神の存在と精神の不死が証明される」となっていたのに対して、第二版では「神の存在と、人間精神と身体との区別が証明される」になっています。

初版は出版を助けてくれた知人の意見を尊重していたようですが、デカルトとしては、より内容に即したタイトルに変更したかったようです。


自費出版といい、サブタイトルの変更といい、彼がこれだけこの本に魂を傾けたのには理由があります。

それは先ほども紹介したように、『方法序説』では哲学について論じた部分があまりに手薄だったからです。

そのため彼は、科学者のように思われてしまいました。

そこで本業である哲学の主著を著そうと決意したのです。

だから今度は専門家向けにラテン語で書きました。

しかも数十ページなどではなく、たっぷり七〇〇ページ余も。

実はこの本の本文は一〇〇ページほどで、残りの六〇〇ページほどは反論と答弁という形になっています。

つまりデカルトは、あらかじめ著名な論客《ろんかく》に原稿を送っておいて、反論を求めたのです。そしてそれに対する答弁を作成しました。

そのうえで、それらを全部くっつけて出版したわけです。

こうすることで出版後の批判が回避できると思ったのでしょうが、実際にはその後も反論を送ってくれた人たちとの論争は続きます。

たとえば、スコラ学者のカルテス、神学者のメルセンヌ、政治思想家のホッブズ、神学者のアルノー、原子論者のガッサンディ、神学者ブルダンらが反論を寄せています。

そうやって当時のヨーロッパを代表する錚々《そうそう》たる論客が反論を寄せてくれて

いるおかげで、私たち読者としては、より『省察』の議論を幅広い視点でとらえることが可能になっているのです。

『省察』ってどんな本？

『省察』の概要について、簡単に紹介しておきたいと思います。

まず形式面ですが、冒頭に「ソルボンヌ宛書簡」が置かれています。これはパリ大学神学部の認可を得るためにあえてつけたようです。当時はそれほど神学に気を使わなければならなかったのです。未然に反論を防止するという意図もあったようです。

反論の防止という点では、本文の何倍の分量にもなる「反論と答弁」も同じような意図でつけられたものです。デカルトはあらかじめ著名な学者たちに草稿を送って、反論を依頼しておいたのです。そしてその反論とともにそれに対する答弁もあわせて出版したわけです。なんとも周到ですが、デカルトの意図とは裏腹に、結果的には議論はますます拡大してしまいました。

さらに構成で特徴的なのは、本書のタイトルどおり、一人称の「私」が、毎日一つずつ六日間かけて省察するという設定になっている点です。もっとも、この「私」には読者自身も含まれると解釈されています。

内容については、この本のサブタイトルを見ていただけるとわかりやすいと思います。デカルトの真意がストレートに表れているとされる第二版のサブタイトルには、「神の存在と、人間精神と身体との区別が証明される」とあります。つまり、神の存在というテーマと、人間の精神と身体の区別というテーマが論じられているわけです。

具体的には、第一の省察では、すべてのものについての懐疑が宣言され、第二の省察では、私の存在が確実な真理としてとり出され、第三の省察では、神の存在証明が試みられます。そして第四の省察では、私の誤謬の原因が分析され、第五の省察ではまた別の神の存在証明が試みられ、第六の省察では、心身の区別と物体の存在について論じられています。

デカルトは『方法序説』出版の後、哲学、つまり形而上学の主著を発表することを切に願っていました。その中で、新しい哲学を提案したかったのです。そのためには、形而上学の大問題である最高の実在及び人間精神の本質を明らかにする必要がありました。だからこそ、神と人間精神をテーマにしたわけです。

第3章
朝から鋭く思考する
——『哲学原理』の言葉

— *Principia philosophiae* —

勢いだけでうまくいってもダメ

「真の徳と見せかけの徳との間には、著《いちじる》しい差別があり、また真の徳においても、事物の正確な知識から生れるものと、何らかの無知と結び付くものとの間には、著しい差異が存します」

勢いだけでうまくいっても意味がない

毎年継続してイベントを開催していると、どうも最初の回がいつも一番うまくいくように思います。

理屈からいうと、二回目以降はどんどん経験が積み重なり、よりうまくいくはずなのですが、必ずしもそうではないのです。

私なりにその原因を探ってみると、やはり一回目は初めてということもあって、勢いで乗り切るところがあるのです。それでうまくいくのです。

ただ、勢いでやっただけですから、後が続きません。

その意味では、最初うまくいったのも見せかけの成功のようなもので、真の成功とはいえないのです。舞台裏はもうガタガタ。でも、とにかく本番まで突っ走ろうといった感じです。

このことはイベントに限らず、何事にもあてはまる真理であるように思います。デカルトはそれを哲学的に表現しています。

「真の徳と見せかけの徳との間には、著しい差別があり、また真の徳においても、事物の正確な知識から生れるものと、何らかの無知と結び付くものとの間には、著しい差異が存します」(『哲学原理』桂寿一訳、岩波書店、三八ページ)

つまり物事には、本物と見せかけのものがあり、そこには差があるということです。さらに、本物であっても、正しいものを基礎に持つ場合と、そうでない場合にも差がある。

先ほどのイベントの例でいうと、入念に時間をかけてつくりあげたものと勢いだけで見せかけの成功をつくろったものとでは大違いだということです。

そして、時間をかけたものであっても、専門的な正しい知識に基づいてやった場合と、素人《しろうと》が知らずにやった場合とでは、結果は同じに見えてもやはり違いがあるということです。

いわばプロがやるイベントと中高生の文化祭の違いみたいなものです。

プロの場合、イベントを何度もやるので、ノウハウが蓄積されていきます。

これに対して、文化祭のような当事者にとって一回きりのものは、なかなかそういうわけにはいかないのです。

ですから、偶然うまくいっても、その知識は蓄えられません。

しかも、偶然うまくいったようなものは、次に役立たないのです。

それでは意味がありません。

知恵を身につけよ

そこでデカルトは、正しく蓄積されている知識についてこんなふうにいっています。

「正しきものの知識から生ずる純粋無雑な諸徳は、すべて同一の性質を有し、知恵（sapientia）なる一個の名称のもとに、包含されるのであります」（『哲学原理』三八〜三九ページ）

つまり、正しいやり方に基づいて生じた知識は、偶然生じた知識とは違って、「知恵」と呼ばれるというのです。

だから知恵は伝えられていくのです。

勢いだけでうまくいったようなことからは、知恵は生じません。

会社は文化祭をやるところではないので、多くの仕事には継続性が求められます。それゆえ知恵が蓄積されていく必要があるのです。

それにはズルをしてはいけません。

勢いだけでうまくいっても意味がないのと同じで、ズルをしてうまくいったとしても、その経験は決して次につながらないのです。

これはとても大事なことです。

なぜなら、次につながらなければ、また一からやり直しになってしまって、時間もエネルギーも無駄になってしまうからです。


ノーベル賞受賞のニュースを見るたび、研究というものは長年の積み重ねによって初めて、偉大な結果につながるものだということを思い知らされます。

そういう状況をつくるためには、一つの研究室の中で、人から人へ正しい知恵を積み重ねていく必要があるのです。

そこでもし誰かがズルをしてしまえば、それ以降の研究はすべて水の泡です。投じられたお金やエネルギーも無駄になってしまうのです。

これはどんな仕事でも同じです。

常に知恵を積み重ねることを意識したいものです。

疑いすぎるとチャンスを逃す

「この疑いは、ただ真理の観想に限られねばならない。何となれば、実生活に関しては、我々が疑いから抜け出すことができる前に、しばしば事を為すべき機会の過ぎ去ることがあるから、我々は余儀なく、単に尤《もっと》もらしく見えることを採用し、或いは二つのことのうち、一つが他に比べて尤もらしく見えない場合にも、時にはいずれかを選ぶことが珍らしくはないからである」

とにかく前に進んでみる

皆さんは疑い深いほうですか？

それともあまり疑わないほうですか？

私は哲学をやっている関係で、どんどん疑い深くなっているような気がします。何しろ哲学は、物事を疑うことで本質を暴《あば》く学問ですから。

昔はそれほどでもなかったのですが、今は探偵並みです。

スーパーに行っても、「お得！」と書いてあると、「本当かよ、古いんじゃないの？」とか、「三割引」というシールが貼ってあると、「もともと三割高い値段に設定してるんじゃないの？」などと勘ぐってしまうほどです。

職業柄仕方ないとはいえ、何でもかんでも疑いすぎると、生活に不便が生じるのはたしかです。この点について、デカルトはこういっています。

「この疑いは、ただ真理の観想に限られねばならない。何となれば、実生活に関しては、我々が疑いから抜け出すことができる前に、しばしば事を為すべき機会の過ぎ去ることがあるから、我々は余儀なく、単に尤もらしく見えることを採用し、或いは二つのことのうち、一つが他に比べて尤もらしく見えない場合にも、時にはいずれかを選ぶことが珍らしくはないからである」（『哲学原理』四四ページ）

つまり、疑うのは真理について考察するときだけにすべきだということです。実生活であまり疑いすぎると、チャンスを逃してしまいます。だから実際には、疑うよりも、もっともらしいものを選んだりして、とにかく物事を前に進めているわけです。

たとえば、私がスーパーの惣菜《そうざい》を疑って迷っているうちに、ほかの人たちにとられてしまい、買うものがなくなってしまうというような事態です。そんなことにならないように、まぁ大丈夫そうなら買うべきなのです。よっぽど怪しいときは疑う必要がありますが。

これは仕事でもいえることです。天秤にかけていつまでももたもたしていると、ライバルにとられてしまうなんてことにもなりかねません。商談は即断即決できるに越したことはありませんから。

自分の認識は徹底的に疑え

これに対して、観念については徹底的に疑うべきです。時間の許す限り、いや、時間なんて気にすることなく。

自由とは何かという問いは、古代ギリシアの時代から現代まで、ずっと考え続けられています。

そして面白いことに、時代によって答えが変わってきます。好き放題できるのが自由だった時代もあれば、他者にも配慮することが自由だという現代のような考え方もあるわけです。

その都度の答えは出しても、環境が変わるたび、時代が変わるたび、問い直しが必要なのです。

にもかかわらず、私たちの頭は意外に頑固で、なかなか問い直しをしようとしません。デカルトもそこを警戒しています。

「我々は幼年のとき、自分の理性を全面的に使用することなく、むしろまず感覚的な事物について、さまざまな判断をしていたので、多くの先入見によって真の認識から妨げられている」（『哲学原理』四三ページ）

そうなのです。

私たちが子どものころからスポンジのように無邪気に吸い込んできた認識は、そう簡単に書き換えられないのです。

たとえば、最近は「学校でも政治の話をすべきだ」という方針に変わりましたが、昔はタブーとされていました。

そのせいで、いまだにその手の話をするときはなぜかいけないことをしているような気になるのです。

だからこそ、しつこいくらいに疑う必要があるわけです。

どの程度？　それはもう教科書に書いてあることすべてです。

教科書には検定制度がありますから、国にとって都合のいいようにしか書かれていません。

ほとんどは正しいことなのでしょうが、それくらいの目で見ないといけないということです。

教科書は二度使うのです。

一度目は覚えるために。二度目は疑うために。

全身を使って思考せよ

「思惟《しい》とは、我々が意識しつつ（nobis consciis）我々のうちに生ずる一切のもので、その意識が我々のうちにあるかぎりのものを意味する。従って、知り・意志し・表象することのみならず、感覚することもここでは思惟することと同じことである」

人間は体中で考えている

1＋1は何ですか？　もちろん、「2」ですね。

本当はほかにもいろんな答えが考えられますが、とりあえずそこはおいておきます。

今この答えを出すのに、皆さんは身体のどこを使いましたか？

頭？　おそらくそうでしょう。


では次に、今皆さんのいるその場所の空気の味を考えてみてください。空気の味ですから、食べてみないとわかりませんね。吸うといったほうが正確ですが……。

どうですか？　かびっぽい味？　それは部屋がかびっぽいからでしょう。

問題は、この「かびっぽい」という答えをどこで出したかです。

先ほどと違って、どうも頭だけではないような気がしませんか。だって、味を確かめながら考えましたから。ということは口と頭を使ったのでしょうか？

実は1＋1も含めて、あらゆる事柄は、単に頭だけでなく体中のいろんなところで考えているのです。デカルトも次のようにいっています。

「思惟とは、我々が意識しつつ (nobis consciis) 我々のうちに生ずる一切のもので、その意識が我々のうちにあるかぎりのものを意味する。従って、知り・意志し・表象することのみならず、感覚することもここでは思惟することと同じことである」(『哲学原理』四八〜四九ページ)

つまり、知ることや意志すること、そして感覚することさえも思考にほかならないわけです。そして私たちが身体全体で物事を感じる以上、全身を使って思考しているといっていいのです。

これは日本人にはイメージしやすい発想ではないでしょうか。

日本人は感覚に優れているといいます。和歌のようなものが発達しており、季節の変化もあいまって、微妙な感覚を表現することに長《た》けているのです。

表現に長けているということは、その前段階で思考しているわけですから、感覚と思考が密接に結びついているといっていいでしょう。

実際には両者は同時に行なわれており、渾然一体《こんぜんいったい》のものとなっているということができます。

わかりやすく思考し、わかりやすく表現する

先日、愛媛県松山市の子規記念博物館に行ったのですが、正岡子規の俳句を見ていると、その全身で思考する様子がよく伝わってきます。

たとえば彼の作品に「あた、かな雨がふるなり枯葎《かれむぐら》」というのがあります。

このあたたかな雨というのは、肌で感じたことがないと表現できないものです。

「あ、雨があたたかい」と思った瞬間に起こる自分の中での「え、なんで？」

「わぁ、すごい」がもう思考なのです。

そしてそれを誰にでもわかる言葉で表現する。

ここもまた重要なところです。そうでないと伝わりません。

あたたかな雨のことを、「空中で発生した温度のままの雨」などといわれると、なんのことやらわかりません。

たしかに雨は発生したときはあたたかく、それが地上に降ってくる際に温度が下がります。ですから、よくよく考えればわかるかもしれませんが、それでは不明確ですよね。

特に西洋の哲学者は、感覚を軽視し、理性を極端に重視しますから、こういうことがありがちです。でも、意外にもデカルトはそこを戒めています。

「哲学者たちは、最も単純で自明的なことを、論理学的な定義によって、説明しようと試みた点で誤りを犯している、というのは、そ

うすることによって、それらを不明ならしめたからである」（『哲学原理』五〇ページ）

そうして彼自身が物事を明確にしたお手本として、例の「我思う、ゆえに我あり」というフレーズを挙げるのです。

同じように理性を重視していても、デカルトの場合はわかりやすく表現することの大切さをよくわきまえています。

わかりやすく思考し、わかりやすく表現する。

哲学にさえそれが求められるのですから、私たちが日ごろ仕事で求められるような文章はなおさらです。

報告書も、俳句のようにシンプルにわかりやすく書きたいものです。

さすがに五七五というわけにはいかないでしょうが……。

頭に限界はない

「或る観点のもとではいかなる限界も
見出せないものをば、我々は無限であるとは主張せず、
無限界（indefinitum）と見なすであろう」

無限と思うのは無知なだけ

頭に限界はあるか？

私の答えは明確です。

もちろん「ない」。

人間の脳は無限の可能性を秘めていると思うからです。

それは現在の科学の水準を見ればわかるでしょう。

あるいはまだ実現されていないことでも、SFの想像力を見れば、どこまで可能性があるかおわかりいただけるのではないでしょうか。

これに対してデカルトは、人間の頭は無限ではないといいます。

「或る観点のもとではいかなる限界も見出せないものをば、我々は無限であるとは主張せず、無限界（indefinitum）と見なすであろう」

（『哲学原理』六五ページ）

デカルトは神の存在を無限と呼び、それだけは私たちには理解できないというのです。そしてそれ以外の無限に思えるものを無限界と呼んで、区別しようというわけです。

たとえば星の数のように無数にあるものは、無限界だというのです。そしてそうした無限界なものについては、いくらでも思考することができるのだと。

時代の制約もあって、デカルトの時代、神は絶対的なものです。ですから、どうしてもアンタッチャブルな存在になるわけです。その意味では、もし現代社会にデカルトが生きていれば、すべて無限界になったのではないでしょうか。

私が頭に限界はないといったのは、そうした理由からです。神だって別に思考の対象にすることはできますし、理解することも可能です。

人によって理解が違ったり、その理解が客観的に証明困難であるという問題は残りますが、それと理解できるかどうかは別の問題です。

ましてやその他の問題については、理解できないことなんてないでしょう。それはもうデカルトのいうとおりです。彼はこう言い切っていますから。

「他の事物が或る点で限界を欠いていることは、同じように積極的には理解されず、単に消極的に、もしその物の限界があるとしても、ただ我々によって見出され得ないことが、認められるにすぎないからである」（『哲学原理』六六ページ）

つまり、デカルトにとって、神以外のものには必ず限界があるわけですが、あたかもその他のものでも無限であるかのように思ってしまうのです。ただそれは、人間が無知だからそういうふうに思ってしまうだけだといっているのです。なんとも明確な指摘です。

私たちがよく使う無限という概念は、ある意味で逃げです。

よくわからないから、無限といってしまうのです。そういえば、最後まで説明する必要はなくなりますから。

でも、本当はどこかに終わりがあって、きちんと説明可能なのです。

それをしないのは、ただ無知なだけなのです。

無限を探究せよ

もちろん人間はそこであきらめることはありません。

その無限なるものを解明するためにあがきます。

このあがきが人間のすごいところです。

宇宙の解明を見てください。

無限といいながらも、どこまでも知ろうとする。

そして実際に宇宙の誕生まで解明しつつあるのです。

問題は、みんながみんなこのような探究をしようとしているわけではない点です。無限の中に逃げ込んで、思考を止めてしまう人はたくさんいます。でも、それはとてももったいないことです。せっかく可能性としては限界のないツールを持ちながら、自分でそこに封印をしてしまう。まさに宝の持ち腐れです。

仕事に宇宙は関係ないという人も、少し視点を変えてみてください。本当はすべてが宇宙なのです。

私たちの仕事はどんなものでも際限なく広げることができます。そこに勝手に線を引いているだけです。その線をとっ払って、ぜひ、その先にあるものに目を向けてみてください。きっと新しい可能性が広がっているはずです。

最後は意志が決め手

「全く認識しないことについては、
何も判断することはできないから、
判断するには知性が必要には相違ないが、
しかし認識されたことに同意を与えるためには、
意志も必要なのである」

意志が行動を決める

私は何度もダイエットに挑戦し、瞬間的に成功してはリバウンドを繰り返し、結局失敗しています。ある程度痩《や》せても、その状態を維持することができないのです。すぐにV字回復してしまいます。だからいつも小太りなのです。

数年に一回、瞬間的に痩せても、誰も気づきません。前に会った人と次に会うときにはもう元に戻っているので、痩せたといっても信じてもらえないわけです。

でも、ダイエットの方法自体はよく知っています。そもそも知識がなければ、何事も始められませんから。デカルトもこういっています。

「全く認識しないことについては、何も判断することはできないから、判断するには知性が必要には相違ないが、しかし認識されたことに同意を与えるためには、意志も必要なのである」（『哲学原理』七一ペ

ージ）

ここでのポイントは、「知性によって判断が可能になる」という点。

そしてもう一つ、「意志もいる」という点です。

物事を判断する際には、最後は意志が決め手だということです。

私の場合、ダイエットを開始する時点では意志が働くのですが、継続する際にはそれがうまく機能していないようです。

いや、ダイエットをやめるというのも判断ですから、そこで意志決定をしているのかもしれません。

物事は判断の連続です。

やめるべきかどうかという判断の際、きっと意志が「しんどいからやめよう」と決断しているのでしょう。

同じイシでも医師なら「メタボになるからダイエットを続けなさい」と正し

い判断をしてくれるのでしょうが。

間違った知識が判断を狂わせる

では、なぜ私の意志は医師と違って、間違った判断をするのか？
これについてデカルトは、こんなふうに答えています。

「或ることを正しく認識しないにも拘《かかわ》らず、（よくやるように）それについて判断する場合にのみ、間違いが起るのである」（『哲学原理』七一ページ）

つまり、正しい知識があれば、間違った判断をするはずはないということです。判断は知識に基づいて行なわれますから、そこが間違っていれば、当然判断も狂ってきます。

私のダイエット継続についてもそうです。

やめるかどうか判断する際、正確な材料がそろっていないのでしょう。もしやめたらどうなるか、数値で示され、その結果私が早死にするようなデータが実証的に出たとしたらどうでしょう？　きっと続けると思います。

しかし実際には私の判断材料は、深夜のラーメンの誘惑だけです。冷蔵庫にある食材が判断材料になると、「ダイエットはしんどいからやめよう」ということになってしまいます。

そこだけ見ると、私の意志はとても固いものです。絶対にぶれずにラーメンをつくり始めますから。

そしてダイエットの決意は音を立てて崩れていきます。ガタガタというよりラーメンをするズルズルという音を立てて。

正しい判断材料を選べ

ダイエットに限らず、これはあらゆる自己啓発にあてはまることだと思います。英会話やビジネスに絡む資格などもそうでしょう。

継続するかどうかの判断の際、いつもネックになるのは誘惑です。

ですから、デカルトのいうように正しい判断材料を選ばなければいけません。

そうすれば意志はおのずと正しい判断をしてくれるはずです。

やめるときは常に言い訳をするものです。

でも、それが本当に言い訳なのか、正当な理由なのかは、客観的に決まってくるのです。


意志は公平な審判のようなものです。

ストライクならストライク、ボールならボール。ボールの位置を確認して、そう宣言するだけです。

今、自己啓発がとん挫してしまっている人や、やめようかどうか苦しんでいる人は、判断材料を正直に羅列《られつ》してみてください。

答えはきちんとそこにありますから。

形が九割

「その物体において
形あることは何であるかということは、
色あることとは何かということに比べて、
遥かに明証的に認識されるのである」

人間は形で判断する

皆さんは服装を気にしますか？

私は多少気にします。本当は面倒なので、毎日でも同じ服装でいたいのですが、そういうわけにもいきません。外に出るからです。

その証拠に、家ではいつも同じかっこうです。特に冬などは、最低限衛生を確保できる範囲で、いつまでも同じ服を着ます。

どうして外に出るときは服装を気にするのでしょうか？

私の場合は人にどう思われるかをコントロールしたいからです。ＴＰＯに応じて、相手に与える印象をコントロールしたいということです。

まじめな服装なら相手も私のことをまじめだと思ってくれるでしょう。逆にふざけたかっこうだと、変わった人だと思われます。

では、まじめだとかふざけているというのは、服装のどういう部分で決まるのでしょうか？

色でしょうか、それとも形でしょうか。

普通は色のような気がしますね。

ところが、デカルトは、こんなふうにいっています。

「その物体において形あることは何であるかということは、色あることとは何かということに比べて、遥かに明証的に認識されるのである」（『哲学原理』一〇三ページ）

つまり色よりも形のほうが、インパクトがあるというのです。

そういわれてみると、以前私がロングへアーでかつ茶髪に染めていたとき、私のショートへアー姿しか知らなかった旧友に会いました。

彼はなんといったか。やはり「お、髪伸ばしてるんだね」でした。

私にとっては茶髪が初めてだったので、そっちへの突っ込みがくるかと思ったのですが、形のほうに目がいったようです。

まだ色のインパクトが薄かったのかもしれません。

これならどうでしょう。

派手な色のスーツを着たまじめそうな七三分けの眼鏡をかけた人。

グレーの短パンTシャツを着たクレージーなモヒカン、目にはカラーコンタクトをつけている人。

彼らが同時に就職の面接に来たら、どちらがふざけていると思うでしょうか。やはり短パン・モヒカンでしょう。

見た目が重要という意味では、見た目が九割といっていいですが、より正確にいうと、その中でも「形が九割」だと思うのです。

色は決め手にならない

もちろん、色が人に誤解を与えるのはたしかです。赤だと派手好きだとか、グレーだと地味だとかいわれます。部屋の明かりでも、薄暗いと陰気な雰囲気になり、明るいと楽しい雰囲気になりますよね。スーパーでは、お肉に明るいライトをあてて、新鮮に見せるというようなこともされています。

その意味では、私たちは色に騙されているのです。デカルトもその点を指摘しています。

「色という名で呼ばれるものが、何であるかを実際には知らず、また対象のうちにありとされる色と、感覚のうちに経験される色との間の類似性を、捉え得ないにも拘らず、我々は対象のうちに色を認識していると信ずる場合がある」(『哲学原理』一〇四ページ)

つまり、色なんて相対的なものであって、私たちはそれを完全には認識できないため、誤解をするということです。

多少照明が暗くても、暗闇から来た人には明るく映るでしょう。そんな人が「明るいね」というと、もともといた人は「そう?」というのです。あるいは、同じ色でも感じ方が違ったりします。

だからその意味でも色は決め手にならず、形のほうが重要なのです。

それは電話で道案内をしてみれば、よくわかります。

茶色の星型の看板があるとき、「茶色の看板があるところを曲がって」というより、「星型の看板があるところを曲がって」といったほうが探しやすいでしょう。

デザインにかかわる人に限らず、ぜひ仕事で何かをつくる際には、意外と形のほうが色より重要だというデカルトの発想を念頭に置いてみてください。

これまでとは違った結果を生み出すことができるに違いありません。

言葉を磨け

「我々は言語の使用によって、我々のすべての概念をばこれを表現する言葉と結合し、そしていつも、この言葉と結びつけてでなければ覚えていないのである」

意味よりも先に言葉そのものを覚える

哲学をしていると、言葉の大切さをつくづく感じます。

物事の本質は言葉でないと表現できないからです。

そして言葉が少し違うと、物事の本質も変わってしまう。「愛とは誰かを求めることである」というのと、「愛とは誰かが求めることである」というのでは、たった一字しか違いませんが、意味は大きく変わってきます。


その意味では、言葉の意味が完全に共有されていなければ、私たちのコミュニケーションはかなりかみ合わないものになってしまうはずです。

だから相手が違う文化を持つ人同士だと、同じ言葉でもその持つ意味が違って、誤解を生むことになるのです。


特に日本語と中国語のように同じ文字で表現する場合は大問題です。

手紙は日本語ではレターのことですが、中国語だとトイレットペーパーを意味するというように。

こんな混乱を避けるためには、言葉ではなく、言葉の意味が先立てばいいのですが、そういうわけにはいきません。言葉は入り口のようなもので、入り口がないと意味は見えないのです。その逆はありえません。

この点についてデカルトは、次のようにいっています。

「我々は言語の使用によって、我々のすべての概念をばこれを表現する言葉と結合し、そしていつも、この言葉と結びつけてでなければ覚えていないのである」（『哲学原理』一一〇ページ）

つまり私たちは、言葉を優先的に覚えて、それに意味を結びつけているということです。

車という言葉があって、それは人や物を載せて走るタイヤのついた乗り物だというふうに。

言葉の意味に敏感になれ

そこで問題になるのは、意味を忘れてしまって、言葉だけが残っているような場合です。完全に忘れてしまわなくても、うろ覚えになってしまったり、違うものと結びつけてしまったりというふうに。

しかも、意味をとり違えてしまっていることに自分でも気づかないような場合は最悪です。間違ったままその言葉を使い続け、トラブルを招きかねないからです。デカルトもこんなふうにいっています。

「彼らは極めてしばしば、かつて理解したと思い込み、或いは正しく理解した他の人から聞いたということで、実は理解されていない

言葉に同意を与えるのである」（『哲学原理』一一〇ページ）

たとえば、中国語で「検討する」というのは反省のような意味になります。そこで中国語で「検討してください」といわれて、反省する気もないのに、ただよく調べて考えることだと思って軽く「はい、わかりました」なんていってしまうと、向こうは勘違いしますよね。

これは昔、私が中国語を学びたてのころ、実際にあったトラブルです。

いや、日本語だって同様のことが起こりえます。

だから言葉の意味には敏感にならなければならないのです。

自分が使う言葉についてもそうです。

知っていると思い込んでいる言葉ほど、実は意外な意味を持っていたり、勘違いして使っていたりするものです。

新聞などで、誤用している言葉が紹介されることがあります。

そのとき、たいてい一つ二つは自分も間違って使っていた言葉が見つかります。それこそそのたびに反省するのですが、多分氷山の一角なのでしょう。

『舟を編む』という小説があります。映画化もされた名作です。辞書をつくる編集者を描いた作品です。この作品を読むと、辞書をつくるというのは大変な苦労だというのがよくわかります。

言葉は日々生み出されていますし、また昔からある言葉でも意味が増えたり、変化したり、さらに、同じ言葉でもたくさんの意味があったりします。

知ってるつもりで使っている言葉も、ぜひ一度辞書で確認してみてください。

おおよそどんな仕事も言葉で成り立っている以上、仕事の出来は言葉の磨き方次第で変わってくるといっても過言ではありませんから。

公式を見つけよ

「またこれらについて私が真として承認することは、
我々がその真理性を
疑うことのできない共通概念〔公理〕から、
数学的論証と見なされ得るほど、
明証的に演繹されることだけだからである」

確実に正しいかどうか検証せよ

いつも通勤している道に、丸い形の公園があるとします。

ある朝、あなたはふとその公園に目がいきました。そしてこう思います。

「あの公園の外周ってどれくらいなんだろう？」

だいたいの距離から直径は一〇メートルくらいだというのはわかります。

さて、どうやって外周を出しますか。

もちろんあなたは、小学生のときに学んだ円周を出す公式、直径×三・一四を引っ張り出してくることでしょう。そして三一メートルくらいだと推測する。

ここでわざわざ公園の外周を歩いてみて、自分の歩数と歩幅を掛け合わせる人はいないと思います。なぜなら、私たちはもう円周を求める公式を知っているからです。

公式というのはそういうものなのです。

一度身につけると、疑うことなく信頼して使う。なぜでしょうか？

これについてデカルトは、こんなふうにいっています。

「またこれらについて私が真として承認することは、我々がその真理性を疑うことのできない共通概念〔公理〕から、数学的論証と見なされ得るほど、明証的に演繹されることだけだからである」（『哲学原理』一八六ページ）

つまり、確実に正しいということを一度証明しているからです。

だから信頼がおけるのです。

数学では歴史や地理の暗記と違って、なぜそうなるのかを証明します。

それを確認してから、あとは魔法の道具のように、そこに数字をあてはめて、次々と答えを導き出していくのです。

公式を使うには、このプロセスを経ることが不可欠なのです。でないと、そう簡単に数字をあてはめて終わりというわけにはいきません。本当にあっているか心配ですよね。

これは数学の公式に限らず、およそ公式といわれるものすべてにあてはまるものだと思うのです。生活の中の公式から、仕事上必要な公式まで。

すべて公式化する

そして私が提案するのは、何事も公式化してしまえば、楽になるのではないかということです。

あたかも数字をほうりこむかのように、様々な要素をほうりこむ。それだけで答えが得られるのです。時間の節約にもなりますし、間違いも減らせるはずです。

たとえば、私が公式にしているのは、メール処理の仕方です。

毎日大量に来るメール。以前は大事なものは先とか、時間のかかるものは後回しなどとしていましたが、それだと漏れが出てきたり、どんどん返事を引き延ばしたりしてしまうことがありました。

そこで、いっそのことすべて順番に開き、開いたときに即処理するという方法にしてみたのです。すると、そのほうが漏れもなく、返事を引き延ばすこともなくなり、かえって効率がよくなったのです。

この試行錯誤のプロセスを経て、私は「メールを受信した順番に即処理する」という公式を見出したわけです。

もうそうなると、どんなメールが来ようが、いちいち悩みません。マシーンのように処理するだけです。

公式があれば迷わない

こんなふうに公式を見つけると、さらにいいことが起こります。それは、他の人の意見に惑わされることがなくなるという点です。デカルトもそれを示唆《しさ》しています。

「このようにしてすべての自然の現象が説明されるのであるから、私はいかなる他の自然学の原理をも、容認すべきでも望むべきでもないと信ずるのである」（『哲学原理』一八六ページ）

一度自分の公式を見つけたら、もう誰がなんといおうと、自分のやり方でやればいいのです。

世の中には情報があふれていますから、つい新しいものに目がいきがちです。こっちのやり方のほうがいいんじゃないだろうかと。そうして振り回されるわけです。

ここでもし自分だけの公式を持っていれば、振り回されて無駄な時間を使う必要はありません。

ぜひ皆さんも、自分だけの公式集をつくってみてはいかがでしょうか。

伝記Ⅲ

ついに全学問体系をまとめる！

デカルトは『省察』に引き続き、一六四四年に『哲学原理』を出版します。『省察』同様、オランダ隠棲時の著作であり、また『方法序説』以来立て続けに出された本なので、位置づけとしては第1章の最後で紹介した半生の中に含まれるといっていいでしょう。

したがって、ここでは出版意図や中身を中心にお話ししたいと思います。

『哲学原理』というタイトルとは裏腹に、本書は必ずしも狭義の哲学の原理に関するものではなく、むしろ自然学も含めたデカルトの学問体系を網羅《もうら》したものだということができます。その意味で、全学問の原理なのです。

この本の出版意図については、フランス語訳をしてくれた訳者への手紙に詳しいので、それを引用しながら紹介したいと思います。

しかもこの手紙は単なる翻訳のお礼の手紙ではなく、フランス語版の序文にもなっています。

ですから、デカルトから読者へのメッセージととらえることもできるのです。

ちなみにこのフランス語訳者は、ルーブルの修道院長であったクロード・ピコという人物です。

ピコは『省察』に感銘を受け、デカルトに近づいてきたのです。

デカルトも彼と打ち解け、親友と呼んでいます。

そうして『哲学原理』の翻訳を任せるに至るのです。

さて、この序文でデカルトは、出版意図についてこういいます。

少し長いですが、重要な箇所ですので、引用したいと思います。

「まず最もふつうのことから始めて、哲学とは何であるかを説きたかったのです。即《すなわ》ち、この哲学なる言葉は知恵（Sagesse）の探究を意味し、知恵とは単に処世の才能ではなくして、生活の思慮についても、健康の維持やあらゆる技術の発見についても、人間の知り得る事物の、完全な知識を意味すること、そしてこの知識がかようなものであるためには、それが最初の原因から導き出されることが必要であり、従って、本来の意味で哲学する、と呼ばれることの獲得に努めるためには、これら最初の原因即ち原理の探究から始めねばならぬ」（『哲学原理』一四ページ）

実はまだ続くのですが、ここでいったん切りたいと思います。
つまりデカルトは、哲学の本当の意味を明らかにしたかったのです。
その意味とは、知恵の探究にほかなりません。

しかも、学問上の知恵ではなく、生活をはじめすべての知識です。

そのためには、原理の探究から開始する必要があるというわけです。

ここでのポイントは、哲学が幅広い知としてとらえられていることです。形而上学の意味ではなく、本来のフィロソフィーの意味である探究すべき知ということです。

そしてその意味での哲学は、国家の文明と文化を進展させ、個人にとってもためになるものだといいます。

これは同時に『哲学原理』を読むメリットだということでしょう。

さらにデカルトは、この本の読み方まで指南しています。

一回目はまず全体に目を通し、二回目は難解なところに線を引き、三回目にすべて理解せよというのです。

それほどこの本には、自分のいいたいことのすべてが書かれていると自負していたのでしょう。

『哲学原理』ってどんな本？

『哲学原理』の概要を簡単に紹介しておきましょう。この本はそのタイトルのイメージとは異なり、デカルトの全学問体系を明らかにしたものだといえます。つまり、ここでの哲学は、知を愛するという意味なのです。

形式面でまず特筆すべきなのは、ラテン語のオリジナル版の出版から三年後に出たフランス語訳版の冒頭です。ここには「仏訳者への書簡」が置かれています。しかし、その内容は『哲学原理』の序文として書かれたものなのです。デカルトの考える哲学の意義が総論的に語られています。

全体の構成は、四部からなっています。第一部には、『省察』で説かれた形而上学の方法論がまとめられています。内容的には、『方法序説』以来のデカルトの持論が繰り返し論じられているわけですが、本書は体系を整理したものということもあって、教科書のように整然と解説されている点が特徴です。

第二部では、自然学の基本概念や自然法則が、そして第三部では、天体論と宇宙生成論が説かれます。また、第四部では地球上の諸現象が説明されています。なお、デカルトのもともとの構想では、第六部まであったようです。第五部は動物および植物の本性について、第六部は人間の本性についてです。第五部以下は、結局書かれることなく終わりました。

第二部以下の自然学の記述は、実は前に書いていながら公刊できなかった『世界論』という本の内容を、別の形で提示したものです。デカルトは、『世界論』の中で、ローマ法王庁が認めるアリストテレスの自然学をあからさまに批判していたため、当時は出版を差し控えざるをえませんでした。その意味で、本書を公刊することによってようやく、デカルトは自分の考える科学の体系を世に問えたわけです。

こうして『哲学原理』は、一人の人間の精神から地球上の問題まで扱った壮大なものとなりました。デカルトの学問体系自体が、それだけ壮大なものだったということでしょう。

第4章

朝から世界を感じる

――『情念論』の言葉

― Les passions de l'ame ―

感情は人生のエンジン

「とりわけ、
精神の持ちうるあらゆる種類の思考のうちで、
情念ほど強烈に精神を動かし揺るがせるものは
ほかにないからだ」

朝からテンションを上げよ

朝からテンションの高い人っていますよね。

私は朝が弱いのでうらやましく思うのです。仕事が朝から始まるものである以上、テンションが高い方がいいに決まっています。

私も朝から頭が回らないわけではなくて、むしろ朝のほうがすっきりしているくらいです。ただ、テンションが低いのです。

哲学用語でいうと、きっと「理性」は働いているのだけれども、「情念」が目を覚ましていないのでしょう。

でも、本当は情念が活性化していないと、思考はできないのです。

デカルトもそのようなことをいっています。

「とりわけ、精神の持ちうるあらゆる種類の思考のうちで、情念ほ

ど強烈に精神を動かし揺るがせるものはほかにないからだ」（『情念論《じょうねんろん》』谷川多佳子訳、岩波書店、二八ページ）

情念というのは、普通の言葉でいうと「感情」だと思ってもらっていいのですが、要は感情が私たちの生の営みのエンジンになっているということです。

たしかに、燃えているときはなんでも頑張れますよね。

私も映画を観たりして感動したときは、その勢いで頑張れたりします。主人公のように頑張ろうと。単純で恥ずかしいのですが、偉大な哲学者デカルトがそういっているのですから、きっと真理なのでしょう。

だから嬉しいときは喜び、悲しいときは泣けばいいのです。

そしてそのエネルギーを前向きに生かす。

すべての感情は六種類の組み合わせから成る

それにしても、私たちの感情にはいったいどんなものがあるのでしょうか。

改めていわれると、なかなか出てこないものです。

ただ、これが私たちのエンジンであるのなら、よく知っておく必要があります。ちなみに、デカルトの分類は次のとおりです。

「単純で基本的な情念は、驚き、愛、憎しみ、欲望、喜び、悲しみの六つだけであり、他のすべての情念は、これら六つの情念のいくつかの複合、あるいは種である」（『情念論』六〇・六二ページ）。

デカルトは、割とすっきりと分類しています。もちろんこの六つ以外にもあるわけですが、それらは基本の組み合わせで説明できると。

こうしてみてみると、いずれも人生のエンジンという感じですね。

私たちは子どものころから、「驚き」によって新しいものに興味を持ち、取り組むようになります。それは大人も同じです。

「愛」は、人に無限のエネルギーを与えるものです。愛のために人生を捧げる人だってたくさんいるわけですから。もちろん人に対してだけでなく、祖国への愛とかも含まれます。

「憎しみ」は、負の側面でエンジンになりますね。復讐のために手段を選ばない人もいます。戦争もそうです。なんとかこれを正のエネルギーに転換する工夫が必要だといえます。

「欲望」は、何に対するものであっても、そのままエンジンになります。欲望とはエンジンの言い換えだといっても過言ではないでしょう。お金がほしい、名誉がほしい、そんな欲望が頑張りを加速します。

「喜び」は、感情の王様とでも呼べるでしょうか。私などは喜びがあるから仕事ができますし、喜びがあるから生きています。感情を扱ったディズニー映画『インサイド・ヘッド』でも、喜びが一番重要な役割をはたしていました。

「悲しみ」はその対極にある感情ですが、これもまたある意味で人生のエンジンになっています。というのも、一度悲しみを知ると、もう二度とそんな思いはしたくないと思って頑張ることが多いからです。

感情をプラスの方向に持っていく

面白いのは、私たちにはこの六つの感情がいずれも備わっていることです。
そして出来事に応じて、これらの感情は表に出てきます。
これによって私たちはよくも悪くも影響を受けるのです。
大切なことは、その影響をできるだけプラスの方向に持っていくことです。
たとえそれが、憎しみや悲しみであっても。
そうすれば自然と朝からテンションが上がるのではないでしょうか。
まずは朝の苦手な私が実践してみます。

感情を思考のＢＧＭにせよ

「あらゆる情念の効用は、
精神のなかに思考を強化し
持続させることのみにある」

音楽は感情の刺激に、感情は思考の刺激に

朝、目覚めたとき、音楽をかける人は多いと思います。あるいは、通勤途中に音楽を聴く人も多いでしょう。音楽には人の気分を高揚させる効果があるからです。

格闘技の入場テーマは選手の闘争心を掻き立て、会場のボルテージを上げます。映画の音楽は、俳優たちの演技を盛り立て、観客の心を高ぶらせます。

それと同じように、私たちは一日を快適に過ごすために、そして一日を闘い抜くために、心地よい音楽や自分を鼓舞《こぶ》する音楽を聴くのです。

私たちの日常にはＢＧＭが必要です。

ＢＧＭは私たちの感情を補強してくれるのです。

デートでドライブをしているときにバラードをかければ、ロマンチックな雰囲気になりますよね。

仕事も同じで、目的に応じてBGMを選べばよいのです。

私の場合、ゆったりと文章を書きたいときはクラシック、クリエイティブになりたいときはジャズを聴きながら書きます。

そうすることで、感情が刺激され、それが思考に伝わってきます。

そう、大事なのはいかに感情をコントロールし、それを思考につなげるかです。デカルトはこういっています。

「あらゆる情念の効用は、精神のなかに思考を強化し持続させることのみにある」（『情念論』六五ページ）

音楽を聴けば自然に感情が高ぶるように、感情というのは自然に生じるものです。楽しいことがあれば喜びが生じ、つらいことがあれば悲しみが生じます。

そこで私たちがすべきなのは、自然に生じた感情を、うまく思考につなげることのみなのです。

たとえば、会社で褒められて喜びが生じたとしましょう。そのときただ有頂天《うちょうてん》になるだけでは、プラスになりません。その気持ちを次の仕事に生かすとか、ときには周囲に配慮して感情を抑えるといったことが必要になってくるのです。

感情は主役ではなく裏方

感情の高まりは冷静さに反比例します。

それゆえ思考がなおざりになるのです。デカルトはその危険性について、先ほどの文章に続けて次のようにいっています。

「情念がもたらしうる害のすべては、それらの思考を情念が、必要以上に強化し保持すること、とどめるべきでない別の思考を強化し

保持することにある」(『情念論』六五ページ)

つまり、感情は正しい思考をさまたげるのです。喜びを増幅させすぎたり、悲しみをいつまでもとどめたりしてしまうからです。気持ちを切り替えて冷静に思考するためには、感情とうまく付き合う必要があります。

だからといって、ロボットのように感情を完全に遮断せよなどといいたいわけではありません。

感情が自然に生じるものである以上、そんなことは不可能です。

逆に、感情をうまく使えば、思考にとってはプラスになります。

だから感情を主役にしてしまうのではなく、あくまで思考のためのBGMとして活用すればいいのです。

実は先日、能の舞台を見学する機会があったのですが、そのとき能楽師が、踊りの舞台と音楽を奏でる囃子《はやし》の舞台の違いを説明してくれました。

踊りの舞台は、正面に向かって縦に床板が張られているのに対して、囃子の舞台は横向きに板が張られているのです。

二つの世界を明確にわけるためだそうですが、その違いは観客席からは見えません。

私たちにとっては、同じ能の舞台の上で踊りと音楽が一体となっているのです。囃子が踊りを盛り立て、美しい能の舞を生み出す。

きっと私たちの思考と感情も同じような関係にあるのではないでしょうか。感情は思考と一線を画しつつも、ＢＧＭとしてしっかりと思考を支え、私たちの日常を豊かなものにしてくれているのです。

私たちも感情に踊らされるのではなく、感情をＢＧＭにして美しく人生を踊りたいものです。

驚きで記憶力を活性化せよ

「驚きについては特に次のことが言える。驚きが有益であるのは、それまで知らなかったことをわたしたちに学ばせ『記憶』にとどめさせることだ」

驚きで記憶にとどめよ

「実は」といわれると、思わず耳を傾けてしまいませんか？　「実は」という表現は、相手が知らないであろうことを話すときに使う表現です。

人間には好奇心があります。ですから、知らないことを知ろうとするのです。そしてその情報に驚いた後、吸収します。

朝からニュースを見るのもそうした理由からです。いったい何が起こっているのか気になるのです。

今はインターネットがありますから、二十四時間いつでも情報を入手することができますが、それでもその日一番に情報を仕入れるのは、朝に見るテレビのニュースという人が多いですね。

テレビは何かをしながら見ることができるため、支度《したく》をしつつ情報を収集することが可能だからです。

それでも、すべてのニュースが頭に入るわけではありません。頭に入るのは、自分にとって新しいことだけです。言い換えると、驚きのあったものだけです。

私の場合、朝よくやっているその日の運勢占いだけはまったく頭に入ってきません。きっと信じていないので、驚きがないのでしょう。

「ふたご座の人は、今日一億円拾うでしょう」なんていわれたら、さすがに驚いて頭に残るかもしれませんが……。

この点についてデカルトは、こんなふうにいっています。

「驚きについては特に次のことが言える。驚きが有益であるのは、それまで知らなかったことをわたしたちに学ばせ『記憶』にとどめさせることだ」（『情念論』六五ページ）

つまり私たちは日々何かに驚きながら生きているわけですが、それが意味を持つのは、新しいことを知り、記憶にとどめることができる場合だけだというのです。

たしかに、背後から「ワッ！」といわれて驚いても、なんの意味もありません。それに対して、新聞を読んでいて、新たな科学的発見に驚いたというのはすごく有意義なことです。

好奇心旺盛な人は賢くなる

そういう驚きに基づく知識をたくさん蓄えることで、人は賢くなっていくわけです。だから日ごろから驚きを求めて行動している人は賢くなるのです。デカルトもこんなふうにいっています。

「この情念への生来的傾向をまったく持たない人たちは通常ひどく無知であるとわかる」(『情念論』六六ページ)

つまり、驚きを積極的に求める人、いわば好奇心の旺盛な人は賢くなり、そうでない人は無知のままだということです。

これは子どもたちを見ていればよくわかります。好奇心旺盛な子どもほど勉強ができます。

デカルト式記憶術

私はこれを逆手《さかて》にとって、無理に驚くことで、記憶術にしようとしています。年をとるごとに記憶力が低下していくわけですが、驚きを伴えば、記憶に残りやすくなります。

だから覚えるときは驚くようにしているのです。

やり方は簡単です。何事も自分にとって意外なものであるかのようにして覚えればいいのです。たとえば年代を覚えるときも、単なる語呂合わせでは忘れてしまいます。そこに驚きの要素を入れるのです。

たとえば、平安京への遷都は七九四年ですが、これは普通「ナクヨ（鳴くよ）うぐいす平安京」で、七・九・四と覚えますね。こういう場合に、ちょっと調べて、自分にとって意外な事実に着目するのです。

私の場合、平安京を「たいらのみやこ」と読むこともあったという事実は意外なので、「え、たいらのみやこだなんてナクヨ（泣くよ）」というふうに覚えると、より記憶に残るという具合です。

ひと手間かかりますが、覚えられないものを何度も忘れながら念仏のように繰り返しているより、こうしたほうが一発で覚えられるので、かえって効率がいいのです。それにおまけの情報も入ってきますから、一石二鳥です。

実はこの驚き要素を調べる過程がまた、勉強にもなっています。

朝の通勤での勉強にも、ぜひこの方法を生かしてみてくださいね。

愛を飼いならせ

「愛の対象を自分以下に評価するとき、
その対象にはたんなる愛着を持つだけだ。
対象を自分と同等に評価するとき、
それは友愛とよばれる。
対象を自分以上に評価するとき、
ひとの持つ情念は献身とよべる」

愛には三種類ある

「愛してる」というとき、そこにはどんな気持ちが込められているのでしょうか？

もちろん対象によって変わってくるでしょう。家族を愛するのと、部下を愛するというのとでは、意味が違うはずです。愛というのは厄介な言葉で、様々な意味やニュアンスを持ちえるのです。

デカルトはこんなふうに整理しています。

「愛の対象を自分以下に評価するとき、その対象にはたんなる愛着を持つだけだ。対象を自分と同等に評価するとき、それは友愛とよばれる。対象を自分以上に評価するとき、ひとの持つ情念は献身とよべる」（『情念論』七二ページ）

つまり、対象に対する評価の度合いによって、愛の種類を三つにわけているのです。

まず、対象を自分以下に評価する「愛着」。

ここでは花や鳥、馬といった例が挙げられています。

たしかに、自分以下に評価するというのは、人間に対してはちょっと失礼な言い方ですから、私たちが愛着という言葉を使うときも、人間以外のものに対して使うことが多いですね。

次に、対象を自分と同等に評価するときは「友愛」を持つといいます。

これはアリストテレスのいう友愛と同じです。アリストテレスによると、自分と同じように相手を愛することを友愛というようです。

ですから、ここでいう自分と同等に評価するというのも同じことでしょう。

要は、相手のことを自分のことのように思う場合、その気持ちは友愛になるのです。

最後の、自分以上に相手を評価する「献身」については、デカルトは神、君主、都市、個人という例を挙げています。

個人以外の例はわかりやすいのですが、個人だと誰でもいいというわけではないと思います。誰かに献身するなんていうのは、よほどのことですから。

ここでヒントになるのが、次の説明です。

デカルトは三つの愛がもたらす結果の違いについて、こんなふうにいっています。

「この三種類の愛のあいだにある違いは、主にそれらの結果によって現れる。すなわち、それら三つのすべてにおいて、ひとは自分が愛するものと結合し合一《ごういつ》しているとみなすから、自分がその愛するものと構成する全体の劣った部分を、もう一方の部分を保持するためにいつでも捨てる用意がある」（『情念論』七二〜七三ページ）

つまり、三つの愛のそれぞれでは、その愛する対象のために、何を捨てることができるかという違いがあるということです。

愛着なら自分を選んで、対象を捨てるといいます。そして、献身ならその逆で、相手を選んで自分を捨てるというのです。そう、文字どおり献身で、自分の命を犠牲にしてでも相手を守るということです。

国のために死ぬという愛国心のようなものが典型でしょう。

誰か個人に対する献身があるとすると、考えられる対象は家族ではないでしょうか。

私たちは家族を守るために自分を犠牲にすることがあります。特に子どもを守るのは親の義務でもありますから。仮に子どもが不治の病にかかったとき、自分の命と引き換えに助かるというのなら、私も自分を犠牲にすることを選ぶと思います。

愛し方を間違えるな

このように、愛には様々な形があります。気をつけなければいけないのは、間違った対象に、間違った愛を結びつけてしまうことです。

デカルトのいう愛着の対象に、献身としての愛を結びつけてはいけません。それは人間以外のもののために死ぬことを意味するのですから。

あるいは、友愛の対象に愛着を結びつけるのもいけません。そんな態度をとっていると、友人がいなくなってしまうでしょう。

上手に愛を飼いならして、上手に生きていかなければならないのです。

欲望は未来への意志

「欲望の情念は、精気が引き起こす精神の動揺で、
精神が自分に適するとみずから表象するものを
未来に向かって意志するようしむける」

欲望はエネルギーになる

欲望と聞くと、どんなイメージを抱きますか？

悪いイメージでしょうか？

たしかに欲望に振り回されると聞くと、悪いことのように思ってしまいます。

でも、欲望そのものが悪いのではなく、それとどう付き合うかが問題なのです。

欲望自体は、うまく使えば私たちのエネルギーになるはずです。

かつてスティーブ・ジョブズが、スタンフォード大学の学生たちに向かって「ステイ・ハングリー、ステイ・フーリッシュ」と呼びかけたように、ハングリーでいることは、欲望を抱き続けることでもあります。

デカルトもそんな欲望の可能性に触れてこういっています。

「欲望の情念は、精気が引き起こす精神の動揺で、精神が自分に適するとみずから表象するものを未来に向かって意志するようしむけ

る」(『情念論』七五ページ)

つまり、欲望は未来への意志なのです。自分の望むような状況を実現させたいという強い意志です。

そうとらえると、すごく前向きな概念だと思います。

だからいいことを望むだけでなく、同時に悪いこと、ネガティブなことを退ける意志でもあるわけです。

欲望は負の排除にも作用する

デカルトも欲望にはこの両方の側面があるといっています。

「欲望は、善の追求と悪の回避という同一の運動である」というふうに。

これは私もよくわかります。何かを実現させたいときは、自然と行く手を阻む問題を退けるよう働きかけます。

たとえば、何かプロジェクトを遂行したいときには、足を引っ張るような人をメンバーに入れないように働きかけるのです。

プロジェクトの成否はもうそこから始まっていますから。

つい忘れがちですが、何事も正の追求と同時に、きちんと負の排除を行なっておかないと、思わぬところでつまずくものです。

デカルトの洞察が鋭いのは、そうやって欲望の追求には正の追求と負の排除があるにもかかわらず、それらは同一の情念によってなされているという事実への着目です。

つまり、欲望というものは、複数の要素を含んでいるということです。

言い換えると、どんな要素を内に含むかで、欲望にもいくつかの種類が出てくるということです。

最強の欲望は快と嫌悪

そのうえで、デカルトは最強の欲望について論じています。

「最も注目すべき最強の欲望は快と嫌悪から生じる欲望である」（『情念論』七六～七七ページ）

欲望の内に含まれる要素というのは、その欲望が何に由来するものであるかによって決まってくるのです。

そしてその中で快と嫌悪に由来するものが最強であるというわけです。

快と嫌悪は人間の心の状態の中でも両極に位置するものですから、なんとなくわかりますね。

好奇心に基づく欲望というよりは、快楽に基づく欲望といったほうが強い感じはします。

実際、どんなものか見てみたいからやるというのと、気持ちがいいからやるというのだと、断然後者のほうが強そうです。

何かを成し遂げたいときには、快か嫌悪のいずれかを抱くようにすればいいのです。

これは「眠くても」という人間のもっとも抗しがたい生理的欲求をつけてみるとはっきりするでしょう。

眠くてもわざわざ別のことがやれるのは、気持ちがいいときだけです。嫌悪を抱くというのは、ノルマがあるようなときに、憎いライバルを設定し、そいつに負けないように頑張るといった感じです。

でも、いくら目的を達するためとはいえ、わざわざ嫌悪を抱くのは嫌なものですよね。

ですから、個人的には快を抱くほうをお勧めします。しかもこれは簡単です。

要はご褒美を用意すればいいのです。自分が頑張れるだけのご褒美を設定するのです。

お金がかかったりするかもしれませんが、それに見合う成功を収めることができるなら安いものです。

知的喜びは善だ

「精神がその所有するすべての善から受けとる成果は、
これ以外にはなく、
善についての喜びを持たないあいだは、
精神は善を所有していないと同様に、
善を享受してもいない」

喜びは主観的

皆さんはどんなことがあると嬉しいですか？

ボーナスをもらったとき？

昇進したとき？

人間ドックの数値が思ったほど悪くなかったとき？

この最後のは私の話なのですが……。毎回メタボのレッテルを貼られて困っています。アメリカでは痩せてるとさえいわれていたのに、私には日本のスタンダードは厳しすぎます……。

さて、それはさておき、デカルトは人が喜びを抱く事態について次のようにいっています。

「精神がその所有するすべての善から受けとる成果は、これ以外にはなく、善についての喜びを持たないあいだは、精神は善を所有していないと同様に、善を享受してもいない」（『情念論』七九ページ）

善とはここでは物事が成就した状態ととらえておけばいいでしょう。つまり、善が成就するとき、私たちは喜ぶのです。それは物事がうまくいったときにほかなりません。

そうすると、喜びは極めて主観的なものであることがわかります。なぜなら、うまくいったという基準が主観的なものだからです。

たとえば、人から見ていくらうまくいっていても、自分がそう思えない限り嬉しくないですよね。一〇〇点しか満足しない人が、九八点をとった場合、いくらそれがクラスの最高点でも、嬉しくないのです。

喜びに飢えているなら知を探究せよ

私の場合、そこまで完璧主義ではありませんが、いくらいいものでも、興味のないものをもらったときはやはり嬉しくありません。お金がほしいわけではないのに、大金をもらったりしたような場合です。私がほしいのは知、つまり知識や知性なのです。これはなにもかっこうをつけているわけではありません。本当にそうなのです。

実際、対価以上のお金をもらっても、心が躍《おど》ることはありません。それに対して、新たな知を得ると、心が躍るのです。だからデカルトが次のようにいうのがよくわかります。

「知的喜びとは、精神自身によって精神のうちに引き起こされる快《こころよ》い情動であり、知性が精神自身のものとして示す善の享受を成り立たせる」（『情念論』八〇ページ）

知的喜びは、精神を震わせるのです。それは私にとっての善ですから。

特に自分の中でひらめきがあったときは、もう最高です。それこそアルキメデスが原理を発見したとき、「ユーリカ（わかったぞ）！」と叫んで風呂場から飛び出してきた気持ちがよくわかります。

あるいは、本を買ったときも心が躍ります。通販で買うことも多いので、まるでサンタさんからプレゼントが届いたような気持ちになります。

自分でオーダーしているので、中身もよくわかっているのですが。それでも、箱を開けるときはワクワクです。

おまけに中はビニールで覆われているので、さらに神秘的です。そこに未知の生命が宿っているかのような錯覚さえ起こしてしまうのです。

このように、知的喜びこそ私にとって善なのですが、おそらく万人にとって善になりうるものと思います。

そして、知的なものに対して人々がこの上ない喜びを感じるようになれば、まず社会が高度化します。

そんなことをいうと、単なるエリート主義のように聞こえるかもしれませんが、決してそれだけではないですよ。

知的なものを追求するのは、さほどお金もかかりません。

さらに、知的なものはどれだけ追求しても、負の効果がないのです。

これがお金や物質的なものだと、際限なく追求するわけにはいきません。

そんなことをすると、身を滅ぼしてしまいますから。

喜びに飢えている人は、ぜひ知的なものを追求してみてはいかがでしょうか？

精神が顔をつくる

「顔の働きも眼の働きもすべて、
精神によって変えられうる。
精神が情念を隠そうとして、
反対の情念を強く想像するときだ。
したがってこれらは、情念を表すのにも、
隠すのにも、用いられる」

いい顔はつくれる

「はい、チーズ！」といわれたら、どんな顔をしますか？

多くの人は笑顔をつくるでしょう。そのほうがいい表情だと思っているからです。笑顔は嬉しいときにつくりますね。写真では嬉しそうに写っていたほうが、印象がいいと思うのでしょう。

私の場合は、笑顔ではないですが、目を大きく開けるようにしています。そのほうが快活に見えるからです。

では、わざわざ顔をつくらないと、嬉しそうにも快活にも見えないのでしょうか。実はそのとおりなのです。

普段から終始ニコニコしている人はまれです。何もないのに、いつも元気いっぱいの人もそんなにはいません。

皆、普通かそれ以下かです。ぶすっとしていたり、暗い顔をしていたり。

その証拠に、日常の中で不意に撮られた写真では、結構間抜けな顔をしているものです。

しかしパーティーで撮られた写真では、わざわざ笑顔をつくらなくても自然にいい表情をしています。だからデカルトはこういうのです。

「顔の働きも眼の働きもすべて、精神によって変えられうる。精神が情念を隠そうとして、反対の情念を強く想像するときだ。したがってこれらは、情念を表すのにも、隠すのにも、用いられる」（『情念論』九六〜九七ページ）

つまり精神が表情をつくるので、感情しだいで自然にいい顔になることもあれば、また考えしだいで嬉しい顔をつくることも可能だということです。

そこから、感情を隠すのにも顔をつくるということが行なわれます。

よくお面やマスクが表情を隠すために使われますが、そもそも顔自体が表情を隠せるものなのです。

楽しくなくても楽しいふりをしたり、怒っていても怒っていないふりをしたり……。

目は嘘をつけない

それでも「目は口ほどにものをいう」というように、人の目はなかなか嘘をつけないものです。だからデカルトはこういっているのです。

「最も愚鈍な下男でも、主人の眼つきで、主人が自分に腹を立てているのかいないのか見分けることができる」（『情念論』九六ページ）

これは気をつけなければいけません。

「目が笑ってない」という表現があるように、いくらつくろっても、目まで演技するのは至難の業なのです。俳優のように訓練を受けた人は別でしょうが。

もし怒っていない表情になりたいなら、本当に心を鎮めるのが一番です。精神が顔に表れるのですから。

性格のいい人は優しそうな顔をしていますよね。

顔で運勢をみる人相占いは、結構当たっていると思います。血液占いはたった四タイプですが、人相は人の数だけありますから、それだけでも信頼できます。

いい経験をすると顔つきが変わるといわれます。あれも納得できますね。私たちは苦しいときは苦しい顔をしますし、やり遂げたときは充実した自信のある表情になります。当然、いい経験は自信に満ちた顔をつくるのです。

そういう表情の積み重ねでシワができ、目が澄んで、いい顔が形成されていきます。

あるとき友人と待ち合わせをしていたら、聞いたこともない新興宗教の信者が私に話しかけてきました。彼らの教祖を信仰しませんかという勧誘です。そこに友人が現れました。そこで私はチャンスと思い、「すみません、待ってる人が来たので」といってそこから離れました。

私の友人は事情を知らなかったのですが、一目その信者の顔を見ただけで、「さっきの人、新興宗教の勧誘か何か?」といってきたのです。

彼にいわせると、目が澄みすぎているというのです。

そういわれると、たしかにとても純粋な目をした人でした。

きっとその教祖を信じ切っているからでしょう。

自信に満ちて目が澄んでいるのはいいですが、妄信《もうしん》的に澄みすぎているのも考えものです。

神頼み症候群から脱せよ

「まったくわたしたちに依存しないものについては、
それらがいかに善くても、熱情的に欲してはならない。
その理由はこうである。
それらは起こらないかもしれず、そのため、
それを望めばそれだけいっそう
わたしたちを苦しめるかもしれないから」

運任せにしない

皆さんは宝くじを買いますか？

私はどうしても買えないのです。買わないのではなくて、買えない。本当は買いたいのですが、そんなことをすると働くのが嫌になりそうなのです。

宝くじを買うということは、働かずして大金が入ることを認めることになります。それは私にとっては、小さなボールを打ってゴルフをしているときに、大きなボールを打ってもいいという例外を認めるのに等しい行為なのです。

もしみんなが苦労してあの小さなゴルフボールを打っているとき、別の大きなボールも打っていいということになったらどうでしょう？

なんだか白《しら》けてしまいますよね。せっかく同じルールでやっているのにと。

そして一度それをやってしまうと、より大きいボールを望んでしまいそうなのです。いや、ボールのサイズだけではありません。

自分だけ簡単なホールにしてほしいとか、何回でもやり直しできるようにしてほしいとか、際限なく例外を望んでしまうことでしょう。

デカルトは宝くじについて論じているわけではありませんが、次のようにとても参考になることをいっています。

「まったくわたしたちに依存しないものについては、それらがいかに善くても、熱情的に欲してはならない。その理由はこうである。それらは起こらないかもしれず、そのため、それを望めばそれだけいっそうわたしたちを苦しめるかもしれないから」（『情念論』一二三ページ）

つまり自分に依存しないものは、運任せのものということです。そんなものに熱中しだしたら、苦しむことになるというわけです。

なぜなら、それが確実に起こるかどうかはわからないからです。宝くじが、当たるか当たらないかわからないように。

これはギャンブルも同じですね。ギャンブルは運任せですから、それに熱中すると、次はうまくいくんじゃないかと、はまってしまうのです。

努力して獲得しようという意欲がなくなる

こういう考え方をしていると、何事も運任せ、神頼みになってしまいかねません。

自分を律することのできる人はいいですが、私は自信がないのです。一度運任せにすると、神頼み症候群ともいうべき病にかかってしまいそうで怖いのです。

そうなるともう悲惨です。なまじっか宝くじを買って、多少当たりでもしたら、おそらく私は努力をしなくなるでしょう。

なぜか？　デカルトはこんなふうにいっています。

「それらがわたしたちの思考を独占することで、わたしたち自身で

獲得できる他のものに熱意を向けさせないようにするからだ」（『情念論』一二三ページ）

大金が舞い込んでくることを期待してしまい、自分で稼ぐ意欲がなくなってしまうのです。私はそれほど弱い人間なのです。

もちろん、多少宝くじが当たろうが、ギャンブルで稼ごうが、それはそれとしてちゃんと努力できるという人は別です。

私はそういう人をうらやましく思いますし、何より尊敬します。

でも、もし読者の中に私と同様弱い心の人がいれば、ぜひ注意してください。

日本の昔話などでも、楽をして小判を手に入れようとした人は、必ず不幸な目に遭っています。そして、まじめにコツコツ働く人が幸せになるのです。

宝くじもある種のギャンブルも寄付の側面もありますから、そのつもりだというならなんら問題ないでしょう。

私はそれでもやましい気持ちを持ってしまいます。当たればラッキーというような。だから純粋に寄付するようにしています。

年末ジャンボ？　あれは目の毒です。

神様、どうか私を誘惑しないでください！　あ、これが神頼み⁉

高邁な人間になれ

「最も高邁《こうまい》な人たちは、
通常、最も謙虚な人たちである」

他人を尊重しながら自分を貫く

人格者とはどういう人のことをいうのでしょうか？

どこの職場にも人格の優れた人がいますよね。人の上に立つ人に多いように思います。いや、人格が優れているから、そういうポジションにつけると考えるべきでしょう。

では、人格が優れているとはどういうことか。

それは常に他者に配慮しながら、同時にまた自分を貫くこともできる人なのではないでしょうか。

デカルトは、優れた性格のことを「高邁」と呼び、高く評価しています。高邁とは、一般に志《こころざし》が高いことをいうわけですが、デカルトは具体的に次のように定義づけています。

「自由な意志決定のほかには真に自己に属しているものは何もないこと」の認識、および「意志をけっして捨てまい、という確固不変の決意を、自分自身のうちに感得すること」（『情念論』一三四ページ）

つまり、自由な意志決定ができることと、その意志を曲げないことが高邁さの要素だというのです。

さらに大事なのは、自分が高い志を持っているからといって、決して他者をみくびらない点です。

高邁な人は、自分が人より劣っているときに卑下《ひげ》することもないのですが、自分が人より優っているときにおごることもないのです。だからデカルトはこういうのです。

「最も高邁な人たちは、通常、最も謙虚な人たちである」（『情念論』一三五ページ）

自分自身は大きな志を持ちながら、他者に対しては至って謙虚に振る舞う。これが高邁さの定義なのです。

高邁は最強

したがってその特徴として挙げられるのは、私たちが見習うべきお手本のようなものばかりです。

たとえば、誰に対しても礼儀正しく、愛想もよくて、親切だといいます。普通は、一部の人に対してはそのように振る舞えても、誰に対しても同じように接することなどできません。

なぜこんなに他者に配慮できるかというと、高邁な人は自分の利害を度外視して他者の善を考えるからです。謙虚さが究極のところまでいきつくと、このように利他的になれるのでしょうか。

あるいは、自分の感情を完全に支配しており、欲望や執着《しゅうちゃく》などに乱されることはないともいいます。

これもなかなか難しいですね。感情を完全にコントロールするなんて、もうロボットの世界です。感情に振り回されながら、悩んで生きるのが人間です。

つまり、感情に支配されないということは、腹が立ってもイライラしたり、怒鳴ったりしないということですから、上司に最適ですね。

そしてダメ押しは、心が安定しているから、恐怖に乱されないという点です。

ここまできたら最強です。もうゾンビ級ですよね。なにしろ恐怖がない人ほど怖いものはありませんから。

人間が万能ではないのは、躊躇《ちゅうちょ》する生き物だからです。

恐怖が人間を思いとどまらせる。

人間は本来、なんでもやれる潜在力を持っていると思います。ところが、恐怖がそれを思いとどまらせるのです。

私もこれまでの人生、何度恐怖で怖気《おじけ》づき、チャンスを逃してきたことか。あのとき勇気さえあればという後悔が、山のようにあります。

高邁さを身につけていれば、そのような後悔とも無縁なのです。


このように、デカルトのいう高邁さを身につけることができれば、私たちの人生はきっと成功するに違いありません。

問題はそれをどうやって身につけるかです。

少なくとも、まずは利己主義を捨て、世のため人のために頑張るという利他主義の精神を持たないといけないでしょう。

間違っても、人の上に立とうなどという気持ちが先行していては、永遠に無理だと思います。あくまでそれは行動に伴って自然とついてくる結果なのですから。

競争する勇気を持て

「この競争心とは、
他人も成功しているから自分も成功すると
期待されることを企てるよう、
精神をしむける熱意にほかならない。
こうしてそれは、他人の例を外的原因とする、
勇気の一種である」

競争心が闘うモチベーションになる

皆さんは競争心が強いほうですか？

私は相当強いほうだと思います。というのも、あえて競争心を煽《あお》るようにしているからです。そうでないと、すぐ楽なほうにいってしまいます。

競争するということは闘うことです。

闘うと疲れるし、傷つくことだってあるでしょう。

人間は、それを避けようとするのです。

基本的に人間は弱いものです。それでも自然の驚異《きょうい》、外敵の脅威《きょうい》と闘わねばなりません。

だから鼓舞する必要があるのです。特に私の場合にはそれが必要です。

競争心というのは、闘いに挑む覚悟のようなものです。

デカルトもこのようなことをいっています。

「この競争心とは、他人も成功しているから自分も成功すると期待されることを企てるよう、精神をしむける熱意にほかならない。こうしてそれは、他人の例を外的原因とする、勇気の一種である」(『情念論』一五〇ページ)

まず前段の「競争心とは他人の成功例に刺激された熱意だ」という部分。これはそのとおりですね。私も自分を鼓舞するときは、人の頑張りを見るようにしています。

スポーツの試合を見て鼓舞されるのは、そうした理由からです。皆同じ経験をしたいのです。努力が報われるという経験を。

なぜスポーツかというと、わかりやすいからでしょう。

その意味では、別になんでもいいのです。音楽でも勉強でも。

後段の、「競争心は他人の例を外的原因とする勇気の一種だ」という見解。

これもまた真理ですね。先ほど競争心は闘いに挑む覚悟だといいましたが、デカルトはずばりそれを勇気と表現しているのです。

世の中では競争が求められる。そして競争するには勇気がいる。ならば競争する勇気を持たねばならないということになります。

もちろん競争が絶対的に正しいわけではありません。

でも、自然界を見てもわかるように、世の中は競争によって進化しているのです。それをやめてしまったら、強いものに呑《の》み込まれてしまいます。

強いものをやっつければいいのですが、それもまた競争でしょう。

あらゆるものをコントロールして、この世の一切の競争をやめるという選択も考えられますが、それを実現するには相当な覚悟が要求されるはずです。

しかも、そんなことは不可能でしょう。だから競争の存在を前提にせざるをえないのです。

コンディションを整えておく

そこで、私たちも他人の頑張りを見て、常に競争する勇気を養っておく必要があるのです。

ただ、勇気を持つためには他人の努力を見るだけで必要十分というわけではありません。

それは人間には生身の身体があることに関係しています。

デカルトはこんなふうにいうのです。

「そのほかにやはり内的原因があるはずだからであり、それは、不安や絶望が心臓への血流を妨げる力以上に、欲望と希望が多量の血液を心臓へ送る力をもつ、という状態に身体があることだ」(『情念論』一五〇～一五一ページ)

つまり、外的原因としての刺激だけでなく、内的原因として身体がついてこないといけません。普通は外的刺激を受ければ、アドレナリンが出て、身体もやる気を出すでしょう。

人間の行動には身体という道具が不可欠ですから、これがないとせっかくの勇気も車のないガソリンのように役に立たないのです。ガソリンがいくらあっても、車がないとただの液体です。

そこで求められるのは、競争に備えて身体のコンディションを整えておくということです。

これもまたスポーツを例にとってみるとわかると思います。やる気満々でも、身体の調子が悪いと、競争には勝てないのです。

仕事も日常生活も同じです。

刺激を受けたらすぐ闘えるように、日ごろから身体のコンディションを万全にしておいてください。

自分の中の臆病でリスクヘッジせよ

「骨折りが無益と判断される相当に確かな理由があって、
それがこの情念を生んだ場合、この臆病の情念は、
本当らしく見える理由によって促されてするような
骨折りから、わたしたちを免《まぬか》れさせてくれる」

気の小ささはブレーキになる

臆病者！　なんていわれるとショックですよね。臆病とは勇気のないダメな人の性格をいうのですから。チャレンジ精神もない、大胆さもない。いわばちっとも面白くない人間です。だから人生で成功もしない……。

いや、はたしてそうでしょうか？

デカルトは臆病の問題点を十分意識しながらも、このようなことをいっています。

「骨折りが無益と判断される相当に確かな理由があって、それがこの情念を生んだ場合、この臆病の情念は、本当らしく見える理由によって促されてするような骨折りから、わたしたちを免れさせてくれる」（『情念論』一五二ページ）

つまり、あらかじめ損をするとわかっているような場合に、無駄なあがきをするのを防いでくれる効果があるというのです。

客観的に見て明らかに危険があるというようなとき、それでも人は騙されたり、判断を誤ったりして、無謀な挑戦をしがちです。

こういうのは勇気のある人に多いですね。なまじ自分はできるという自信がありますから。ところが、案《あん》の定《じょう》失敗する。そして後悔するのです。

もしこのとき、性格が臆病であれば、思いとどまることもできたかもしれません。

つまり、同じ状況を前にして、勇気のある人と臆病な人とでは、違う行動をとるわけです。そしてケースによっては、臆病なほうが得をすることがあるということです。

これは臆病によるリスクヘッジといってもいいでしょう。リスクがあるときに、臆病によってブレーキをかける。そうすれば、踏みとどまるか、最悪でもフルにコミットすることはないはずです。失敗の可能性も考えて、ほかの手を打っておくなどの対処が可能になるからです。

勇気がありすぎるのは疲れの原因

私はどうかというと、勇気があるほうです。というか、無謀です。だからいつも無謀なチャレンジをして、失敗しては後悔するのです。何度も同じことを繰り返すのは、やはりそういう性格だからでしょう。反省はしても、いや、今度こそはと思ってやってしまうのです。毎回なんらかの条件や状況が違いますから、いけると思ってしまうのです。さすがにまったくすべてが同じならやりませんが。

たとえば仕事のスケジューリングがそうです。

いつも無謀なスケジュールを立てて苦労するのに、どうしても改善されません。ギリギリやれているということもありますが、周囲に迷惑をかけてしまっているという点では失敗です。それでも変わらない。そんなときはちょっぴり臆病に憧れます。

何より、勇気がありすぎたり、私のように無謀な性格の人は、疲れます。デカルトもそのことを指摘しています。

「臆病の情念は、精神をこれらの骨折りから免れさせてくれるばかりでなく、精気の運動を遅くしてその力を浪費しないようにすることで、身体にも役立っている」（『情念論』一五二〜一五三ページ）

臆病だと、エネルギーの消費が抑えられるのです。省エネ運転とでもいいましょうか。だから燃費がいいし、ガス欠で倒れることもない。

これに対して、無謀な人は常にトップスピードで走っていますので、燃費は悪いし、ガス欠にもなるのです。ペース配分など一切考えません。

これを人生に置き換えると、いつ倒れてもいい覚悟で突っ走っているようなものです。

私にも、「何をそんなに生き急いでいるのだ」といってくる人がいます。生き急いでいるわけではなくて、全力で生きているだけなのですが、傍目《はため》には違って映るのですね。

それがわかれば、そもそも臆病な性格になっているのでしょうけれど……。もう若者ではないので、そろそろ「臆病者！」といわれるように、努力したいと思います。

笑いで評価を上げよ

「控えめのからかいは、
悪徳を笑うべきものと見せて、
それを有効に戒める。
しかもその際、自らはそれを笑わず、
また人に対して何の憎しみも示さない。
これは、情念ではなく、
洗練された教養人の資質である」

笑いは洗練された教養

テレビを見ればバラエティ番組ばかり。お笑い芸人が世の中を席巻《せっけん》していま す。

でも、これは今に始まった現象ではありません。日本でもモノマネなどのお笑いは中世から存在し、すでに江戸時代にはお笑いで食べていた人たちがいたといいます。

お笑いはそれだけ社会のニーズがあるわけです。笑いは人々の心を癒《いや》し、幸福感をもたらしてくれるからでしょう。

でも、それだけではありません。

お笑い芸人は頭がよいといわれますが、笑いには機転が必要なのです。これはたしかに頭を使います。実際、高学歴芸人も結構いますね。

そうして笑いを使いながら、機転を利《き》かせて、風刺《ふうし》をするわけです。

これが笑いのもう一つの役目といってもいいでしょう。

デカルトも、笑いのそんな効用に着目しています。

「控えめのからかいは、悪徳を笑うべきものと見せて、それを有効に戒める。しかもその際、自らはそれを笑わず、また人に対して何の憎しみも示さない。これは、情念ではなく、洗練された教養人の資質である」（『情念論』一五五〜一五六ページ）

つまり、個人に対しても社会に対しても、悪いところを直接的に指摘するのではなく、笑いによって戒めるのです。そしてそれを洗練された教養だといいます。

どうしてこのようなことをするかというと、直接指摘するより効果があるからです。誰だって直接非難されるとムッとします。それでは反発してしまって、聞き入れようとしません。そこで、笑いの対象にすることで、表面的には受け入れやすくなるのです。

それでいて、周囲の人が笑うほどインパクトがあるので、効き目も十分です。こうして笑いをとった人は高く評価されるのです。

クールに笑いをとれ

デカルトの見解で着目すべきなのは、「控えめのからかいにとどめること」と、「自分が笑わないこと」です。

これが大げさな笑いで、かつ自分も笑ってしまうと、クールさに欠けるのです。

なぜクールさがいるかというと、先ほどの洗練された教養というイメージを損なわないためです。

そうでないと、非難されたほうも、周囲にいる人も聞く耳を持ちません。単に馬鹿にするだけなら、不快感さえ覚えるでしょう。

アメリカのコメディアンはいわゆるポリティカル・コメディが得意です。だからテレビでも堂々と政治を批判します。

日本の場合は、国民全体の政治教育が不十分なこともあって、鋭い風刺をするポリティカル・コメディアンが少ないのです。

でも、本当はそうした人たちがたくさんいることによって、国民の政治に対する意識も磨かれていくのです。もったいない話ですね。

多分、日本でお笑い芸人が政権批判をネタにしたら、観客は引いてしまうのではないでしょうか。

正当なからかいは不作法ではない

もっとも、こうした態度は、政治文化の問題だけでなく、ある意味で日本的な奥ゆかしさに起因するものともいえます。

人を笑うのは失礼だと感じるのです。デカルトはこうもいいます。

「他人のからかいを耳にして笑うのは、不作法ではない。そればかりか、笑わないのは不機嫌のせいとされることさえある」（『情念論』一五六ページ）

そうなのです。正当にからかわれた人を笑うのは、決して不作法ではないのです。正当とはつまり、風刺されるに値する行為をしてしまった場合ということです。

その場合は、非難の意味も込めてみんなで笑ってあげることで初めて、本人は反省することができるわけです。

だから堂々と笑ってあげましょう。

ただし、下品な笑い方はダメですよ。笑うほうもクールにお願いします。

伝記Ⅳ デカルトの情熱

自らの学問の全体系を明らかにした『哲学原理』を出してからというもの、デカルトの周りには、敵も味方もファンさえもが増えていきます。そんなファンの一人が、三十年戦争の敗北によりオランダで亡命生活を送っていたエリザベト王女でした。

デカルトは一六四三年からこのエリザベトと文通を始め、それを終生続けました。とはいえ、これは恋愛に発展するようなものではありませんでした。

デカルトは生涯独身でしたが、実はオランダ人の家政婦を愛し、三十九歳のころその女性との間に女児を授かっています。残念ながらその子は五歳のときに病死するのですが。

さて、話を戻しますとその文通相手であるエリザベトが、あるときこんな疑問を投げかけました。

それは、身体と区別され、思考のみが属するはずの精神が、どうして身体に影響を及ぼしうるのかというものです。

デカルトは精神と身体を別のものと考えていましたから、答えに困ってしまいます。

デカルトは『方法序説』で「我思う、ゆえに我あり」と唱えて以来、意識だけが絶対に確実なものだとして、それ以外のものと区別するようになったのです。心身問題あるいは心身二元論と呼ばれるものです。

ただ、エリザベトが病気になったのをきっかけに、精神が引き起こす身体の変化について熱心に考えるようになります。

それは彼らの文通における意見交換にも表れています。

そこでの議論はやがて道徳の話にも及んだようです。その情熱の成果が一六四五年に執筆され、加筆訂正を経て最終的に一六四九年に出版される『情念論』だったのです。デカルトが死を迎える三か月前のことでした。

一六四九年、デカルトはスウェーデンのクリスティナ女王に招かれ、クリスティナに講義するためストックホルムに赴《おもむ》きます。

最初は寒いところに行くのをためらっていたのですが、クリスティナの知性に惹《ひ》かれたようです。

エリザベトといいクリスティナといい、どうもデカルトは知性のある女性に弱かったように思えてなりません。

もちろん二人とも若くてきれいだったようですが。

デカルトはスウェーデンに赴任すると、クリスティナの都合で早朝五時から講義をさせられます。厳寒に加えて、朝寝の習慣があったデカルトにとって、それはかなり酷な生活だったようです。

最後はついに病に倒れ、ストックホルムで客死《かくし》してしまうのです。

旅と思考に費やした五十三年の短い生涯でした。

COLUMN 4

『情念論』ってどんな本？

生前刊行された最後の著書となった『情念論』とはどのようなものだったのでしょうか。

まずここでいう情念は、英語でいうpassionです。この語の語源は「精神の受動」というものです。そしてその受動を引き起こすのが身体だと考えられました。したがって、『情念論』は人間の本質について、精神と身体の二つの側面から考察されることになります。

身体の側面から情念を考察するというのは、考えてみるといかにもデカルトらしいアプローチです。本人も自然学者として情念を説明するといっていたようですが、その宣言どおり、生理学や医学などの知識を生かし、まるで医学書の解説のような説明をふんだんに盛り込んでいます。実際に、解剖図のようなものや、人間の表情を描いた図まで挿入されています。こうした科学者デカルトの人体分析に、哲学者デカルトとしての人間考察がシンクロしていくことで、まれに見るユニークな感情論が生み出されたわけです。

このようなユニークな著書を書くことになったきっかけは、文通をしていたエリザベト王女が投げかけたモラルに関する問いだったといいます。それが感情から道徳の議論へと展開していったのです。

全体の構成としては三部からなり、第一部では、情念の生理学的説明、情念の定義、人間の本性などが論じられています。第二部では、情念の数と順序について、六つの基本的情念を挙げながら説明がなされます。ここでの詳細な分析もあって、『情念論』は近代感情論の源泉とも称されています。

第三部では、高邁な心のような特殊情念を論じる中で、道徳論が説かれます。特に道徳論はこれまでの著作では触れられたことがなかったので、貴重な内容であるといえます。

また、本書で展開されている脳に関する知見や機械に関する議論は、現代科学にも通じるものがあり、その意味でも改めて読み直されるべき普遍性を備えているといっていいでしょう。

おわりに　ビジネス書だと思ったら、哲学書だった?

朝からコーヒー、いや朝からデカルトの味はいかがでしたか?

ビジネス書だと思ったら、哲学書だった?

それは私の狙いどおりです。

実は本書はデカルトの入門書でもあります。

もちろんビジネス系の自己啓発書としてつくっているわけですが、デカルトの哲学をベースにしている以上、また哲学者の私が書いている以上、どうしても本質的な部分では哲学書になってしまいます。

でも、そこが狙いなのです。

デカルトの入門書を朝から読むのはしんどいですよね。その一方で、有名な哲学者だし、一とおり押さえておきたいという気持ちはあると思います。

しかも一項目三分間でわかるなら読めそうだということになるでしょう。その「読めそう」という気持ちを利用して、デカルトの哲学を知ってもらおうと思ったのです。

そして見事、読者の皆さんはその目的を果たされたのです。

考えてみれば、デカルトの伝記を知り、四冊もの主要著作の言葉を合計一〇〇近くも知ることができたら、大変な成果ですよ。

自分でいうのもなんですが、こんなにエッセンスを詰め込んだ本はそう多くはありません。

読者の皆さんが、朝からたっぷり知識をチャージして、一日を有意義に過ごしていただけると幸いです。

さて、本書を執筆するにあたっては、多くの方にお世話になりました。

とりわけ新しい企画ということもあって、構想の段階から完成に至るまで粘り強くサポートしていただいたPHP研究所文庫出版部の横田紀彦さんと北村淳子さんには、この場をお借りしてお礼を申し上げたいと思います。

そして最後に、本書をお読みいただいたすべての方に感謝いたします。

小川仁志

平成二十八年二月　澄みきった冬の朝に

主な引用・参考文献

デカルト『方法序説』谷川多佳子訳、岩波書店、一九九七年
ルネ・デカルト『省察』山田弘明訳、筑摩書房、二〇〇六年
デカルト『哲学原理』桂 寿一訳、岩波書店、一九六四年
デカルト『情念論』谷川多佳子訳、岩波書店、二〇〇八年
小泉義之『デカルト哲学』講談社、二〇一四年
小林道夫『デカルト入門』筑摩書房、二〇〇六年
野田又夫監修、小林道夫・湯川佳一郎編『デカルト読本』法政大学出版局、一九九八年
斎藤慶典『デカルト―「われ思う」のは誰か』NHK出版、二〇〇三年
ロディス＝レヴィス・ジュヌヴィエーヴ『デカルト伝』飯塚勝久訳、未來社、一九九八年
野田又夫『デカルト』岩波書店、一九六六年

著者紹介
小川仁志（おがわ　ひとし）
1970年、京都府生まれ。京都大学法学部卒、名古屋市立大学大学院博士後期課程修了。博士（人間文化）。哲学者。山口大学国際総合科学部准教授。徳山工業高等専門学校准教授、米プリンストン大学客員研究員などを歴任。
商社マン、フリーター、公務員を経た異色の哲学者。商店街で「哲学カフェ」を主宰するなど、市民のための哲学を実践している。専門は政治哲学・公共哲学。
主な著書に『ポジティブ哲学！　三大幸福論で幸せになる』（清流出版）、『まんがで身につく幸福論　仕事と人生を豊かにするアランの言葉』（あさ出版）、『世界のエリートが学んでいる教養としての哲学』『世界のエリートが学んでいる教養としての日本哲学』（以上、ＰＨＰエディターズ・グループ）、『7日間で突然頭がよくなる本』『すっきりわかる！　超訳「哲学用語」事典』（以上、ＰＨＰ文庫）など多数。

本書は、書き下ろし作品です。

ＰＨＰ文庫　朝3分間のデカルト

2016年4月15日　第1版第1刷

著　　者　　小　川　仁　志
発行者　　小　林　成　彦
発行所　　株式会社ＰＨＰ研究所
東京本部　〒135-8137 江東区豊洲5-6-52
文庫出版部　☎03-3520-9617(編集)
普及一部　☎03-3520-9630(販売)
京都本部　〒601-8411 京都市南区西九条北ノ内町11
PHP INTERFACE　http://www.php.co.jp/
組　　版　　有限会社エヴリ・シンク
印刷所
製本所　　図書印刷株式会社

　ISBN978-4-569-76546-4